D1720058

Klaus Amadeus Böhm

Trichotillomanie

Eine Übersicht und die Frage nach einer
Impulskontrollstörung bei Trichotillomanie

Diplomica Verlag GmbH

Böhm, Klaus Amadeus: Trichotillomanie: Eine Übersicht und die Frage nach einer Impulskontrollstörung bei Trichotillomanie. Hamburg, Diplomica Verlag GmbH 2014

Buch-ISBN: 978-3-8428-7253-0
PDF-eBook-ISBN: 978-3-8428-2253-5
Druck/Herstellung: Diplomica® Verlag GmbH, Hamburg, 2014

Bibliografische Information der Deutschen Nationalbibliothek:
Die Deutsche Nationalbibliothek verzeichnet diese Publikation in der Deutschen
Nationalbibliografie; detaillierte bibliografische Daten sind im Internet über
http://dnb.d-nb.de abrufbar.

© Diplomica Verlag GmbH
Hermannstal 119k, 22119 Hamburg
http://www.diplomica-verlag.de, Hamburg 2014
Printed in Germany

Inhaltsverzeichnis

1 Einleitung

Obwohl Wolters schon 1907 die erste Übersichtsarbeit zur Trichotillomanie in Deutschland veröffentlichte, wurde dieses Störungsbild in den Folgejahren kaum beachtet. Arbeiten aus den 50er bis 70er Jahren stammen vornehmlich auf den Bereich der Kinder- und Jugendpsychiatrie. Die Erklärungsansätze waren und sind teilweise sehr unterschiedlich und reichen von psychoanalytischer Ursachenbegründung über zwanghaftes Handeln, schlechter Angewohnheit, narzisstischer Regulation und neurobiologischer Ursachenforschung. Erst Ende der 80er Jahre mit der Aufnahme der Trichotillomanie in das DSM- III- R- der American Psychiatric Association (1987) wurde der ernsthafte Versuch unternommen der Erforschung dieses Störungsbildes eine gewisse Systematik zu verleihen. Nachfolgende Arbeiten der 90er Jahre beschäftigten sich überwiegend mit der Ätiologie, Phänomenologie und Komorbidität der Trichotillomanie. Besonderen Bezug scheint das Krankheitsbild zu den Zwangsstörungen aufzuweisen. Gemeinsamkeiten aber auch Unterschiede zwischen beiden Störungen bzgl. Epidemiologie, Neurobiologie und Pharmakologie wurden untersucht. Heutige Diskussionen um das Störungsbild der Trichotillomanie stehen im Zusammenhang mit der Neuklassifizierung verschiedener psychiatrischer Störungen in das Modell der Zwangsspektrumsstörungen (Obsessive- Compulsive- Spectrum Disorders). Hier sollen verschiedene Störungsbilder aufgrund ihrer Affinität zu den Zwangsstörungen integriert werden. Die derzeitige Klassifizierung der Trichotillomanie als Impulskontrollstörung wäre damit hinfällig. Möglicherweise handelte es sich dann eher um eine „Zwangsspektrumsstörung mit erhöhten impulsiven Anteilen". Über den Nutzen eines solchen Modells wird nachgedacht.

Wichtige Orientierungspunkte für den Aufbau der Arbeit:
Der theoretische Hintergrund in Kapitel 2.1 dieser Arbeit gibt einen Überblick der Demographie, Phänomenologie und Komorbidität des Störungsbildes der Trichotillomanie. Zudem werden das Konstrukt der Impulsivität in Kapitel 2.2 und das Modell der Zwangsspektrumsstörungen in Kapitel 2.3 (Obsessive- Compulsive- Spectrum Disorders) näher erläutert. Die aus dem theoretischen Teil generierten Fragestellungen finden sich in Kapitel 3.

Der empirische Teil dieser Arbeit gliedert sich in drei Teile: Methoden, Ergebnisse und Diskussion der Ergebnisse.

Im Methodenteil des Kapitels 4.1 und 4.2 wird zunächst auf die demographischen Daten der Stichproben eingegangen. Im anschließenden Kapitel 4.3 erfolgt die Darstellung der Operationalisierung der Untersuchung. Das Versuchsdesign wird aus Kapitel 4.4 ersichtlich. Hier finden sich unter Kapitel 4.4.4 auch die Hypothesen.

Der Ergebnisteil gliedert sich in die Auswertung der Erhebungsinstrumente in Kapitel 5.1 und eine übergreifende Datenanalyse in Kapitel 5.2.

Im Diskussionsteil des Kapitels 6 werden die Ergebnisse interpretiert und in Bezug zu den bisherigen Theorien und Befunden gebracht.

Eine abschließende Zusammenfassung der Arbeit findet sich in Kapitel 6.

2   Theoretischer Hintergrund

2.1   Trichotillomanie (TTM)

2.1.1   Historischer Überblick

Den Begriff der Trichotillomanie (TTM) prägte 1889 der französische Dermatologe Hallopeau, indem er die griechischen Wörter trich (Haar), tillo (die Bewegung des Herausziehens) und mania (Vorliebe für bestimmte Objekte) zu einem neuen Begriff zusammensetzte. Er beschrieb damit das Verhalten eines jungen Mannes, welcher sich büschelweise Haare an allen behaarten Stellen seines Körpers ausriss (zitiert nach Dielmann, 1969). Auslöser sei dabei ein Juckreiz, der bei diesen Patienten zu einer Psychose mit Zwangsvorstellungen führe, die sie zum Ausreißen zwängen. Zu den von Hallopeau beschriebenen charakteristischen Merkmalen zählten:

a)   Hautjucken am ganzen Körper,

b)   eine Art wahnsinniger Druck, der den Patienten dazu bringe sich die Haare mit dem Zweck der Erleichterung auszureißen,

c)   kein krankhaftes Erscheinungsbild von Haut und Haaren sowie

d)   eine Chronifizierung der Erkrankung (zitiert nach Christenson & Mackenzie, 1994a).

Galewsky (1928; zitiert nach Asam & Träger, 1973) beschreibt die Erkrankung als anormalen Trieb anscheinend gesunder Individuen, sich mit Gewalt die Haare ihres Körpers auszureißen. Besonders Kopfhaare, Augenbrauen, Wimpern, Bart und in seltenen Fällen auch Schamhaare, seien davon betroffen. Je nach der pathologischen Einstellung des Patienten erfolge dieses wahllos oder ähnlich wie bei der Alopecia areata fleckenweise. Für den Dermatologen Schwarzkopf (1931) stellt die Trichotillomanie (TTM) ähnlich dem Daumenlutschen eine motorische Entspannungsreaktion dar, wobei vor allem Impulse im Ermüdungszustand zum Auszupfen der Haare führen (zitiert nach Otto & Rambach, 1964). Homburger (1926) betrachtet das Haareausreißen wie auch das Daumenlutschen als mögliche frühkindliche Normalerscheinungen. Er ordnet das

Verhalten den schlechten Gewohnheiten zu, durch die u.a. starke Affekte abreagiert würden.

Galewsky (1932; zitiert nach Bartsch, 1956) glaubt, dass es sich bei Trichotillomanie (TTM) um eine Art Zwangsvorstellung handelt, welche die Kranken zwinge sich die Haare auszurupfen. Bartsch (1956) betrachtet das Symptom des Haareausreißens als stereotype Verhaltensweise bzw. als einen Leerlaufmechanismus im Sinne einer motorischen Antriebsstörung, wobei er zwischen dranghaftem Verhalten bei cerebral geschädigten Menschen und triebhaftem Verhalten bei Personen mit neurotischen Störungen unterscheidet.

Dührssen (1976) spricht von einem gestörten Körpergefühl und der Unterdrückung oraler, aggressiver und zärtlichkeitsfordernder Impulse. Dührssen (1976, S. 183): „...hinter dem Haareausreißen steht eine auffällige Koppelung von verdrängten Wutimpulsen oder Aggressionsbereitschaften einerseits und sehr intensiven Zärtlichkeitsbedürfnissen andererseits. Mit dem Körperempfinden, das sich das Kind beim Haareausreißen selber zufügt, schafft es sich einen kurzen Augenblick der Bestätigung seiner eigenen Existenz".

Für Stutte (1960; zitiert nach Dielmann, 1969) wird die Trichotillomanie (TTM) durch ein seelisches Trauma ausgelöst. Sie stellt eine Ersatzbefriedigung aggressiver und regressiver Art dar und ist Ausdruck frühkindlicher Frustrationen durch mangelnde Zuwendung und Konflikte im sozialen Umfeld. Harbauer, Lempp, Nissen & Strunck (1971; zitiert nach Asam & Träger, 1973) verweisen insbesondere auf die depressive Grundstimmung der Kinder mit TTM. Sie sehen in dem Symptom einen Zusammenhang zwischen affektiver Frustration und mangelhaft entwickeltem Körperschema. Asam & Träger (1973) kommen zu der Auffassung, dass als Ursache der TTM eine frühe Störung der Mutter- Kind- Beziehung anzunehmen ist. Kind (1983) betrachtet das Ausreißen der Haare als Symbol sexueller Verführungskräfte mit dem Wunsch in die präödipale, von hetero- sexuell- inzestuösen Wünschen freie Zeit zurückzukehren.

Oranje, Peere- Wynia & De Raeymaker (1986) resümieren, dass eine im Erwachsenenalter auftretende Trichotillomanie von der im Kindesalter bezüglich Schweregrad und Verlauf unterschieden werden müsse. Aussagen über Prävalenzen in beiden zu unterscheidenden Gruppen gibt es bis heute nur sehr wenige.

2.1.2 Klassifikation

Mit der Aufnahme der Trichotillomanie in die dritte revidierte Form des „Diagnostic and Statistical Manual of Mental Disorders" (DSM- III- R), wurde diese erstmals offiziell als psychische Störung anerkannt. Zusammen mit der Intermittierenden- Explosiblen Störung, der Kleptomanie, dem Pathologischen Spielen und der Pyromanie wurde die Trichotillomanie der Kategorie „Störungen der Impulskontrolle, nicht andernorts klassifiziert" zugeordnet. Das Hauptmerkmal von Störungen der Impulskontrolle ist dabei das Versagen dem Impuls, Trieb oder der Versuchung zu widerstehen eine Handlung auszuführen, die für die Person selbst oder für andere schädlich ist. Dabei fühlen die Betroffenen oft eine zunehmende Spannung oder Erregung bevor die Handlung durchgeführt wird. Die Handlung selbst ist mit Vergnügen, Befriedigung oder Entspannung verbunden. Nach der Handlung können Reue, Selbstvorwürfe oder Schuldgefühle auftreten. Die Diagnosekriterien des aktuellen DSM- IV (American Psychiatric Association, 1994) sind in Tabelle 1 aufgeführt.

Tabelle 1: *Diagnosekriterien nach DSM- IV für Trichotillomanie (312.39)*

A.	Wiederholtes Ausreißen des eigenen Haares, was zu einem deutlichen Haarausfall führt.
B.	Ein zunehmendes Spannungsgefühl unmittelbar vor dem Haareausreißen oder beim Versuch der Handlung zu widerstehen.
C.	Vergnügen, Befriedigung oder Entspannung während des Haareausreißens.
D.	Das Verhalten kann nicht besser durch eine andere psychische Störung oder einen medizinischen Krankheitsfaktor (z.B. eine dermatologische Erkrankung) erklärt werden.
E.	Die Störung verursacht in klinisch bedeutsamer Weise Leiden oder Beeinträchtigungen in sozialen, beruflichen oder anderen wichtigen Funktionsbereichen.

Im ICD- 10 (World Health Organization, 1992) wird die Trichotillomanie (F 63.3) in der Gruppe der „Abnormen Gewohnheiten und Störungen der Impulskontrolle (F 63.0)" aufgeführt. Dabei handelt es sich um isoliert auftretende auffällige Verhaltensweisen, die nicht als Symptom einer anderen diagnostizierten psychischen Störung anzusehen sind (z.B. als Symptom einer dissozialen Persönlichkeitsstörung, Zwangsstörung oder manischen Episode). Die Handlungen wiederholen sich dabei ohne vernünftige Motivation. Zur Definition der Trichotillomanie heißt es im ICD- 10 (Tabelle 2):

Tabelle 2: *Diagnosekriterien nach ICD- 10 (Kap. V) für Trichotillomanie (F 63.3)*

- Die Störung ist durch einen sichtbaren Haarverlust charakterisiert, infolge einer Unfähigkeit, ständigen Impulsen zum Haareausreißen zu widerstehen.
- Vor dem Haareausreißen besteht meistens eine zunehmende Spannung, danach folgt ein Gefühl von Entspannung oder Befriedigung.
- Die Diagnose sollte nicht gestellt werden, wenn eine Hautentzündung besteht oder das Haareausreißen auf Wahn oder Halluzination beruht.

2.1.3   Beschreibung der Symptomatik

Das Haareausreißen geschieht normalerweise nicht im Beisein von anderen, abgesehen von den direkten Angehörigen. Dabei gehen die Betroffenen in ihrem Verhalten systematisch auf die Suche nach besonders grobfasrigen, dicken, langen, krummen oder grauen Haaren. Hauptmotivation ist dabei das Streben nach Symmetrie der Haare (Christenson, Mackenzie & Mitchell, 1991a). Das unterschiedlich schnelle, stufenweise Nachwachsen der Haare ist nicht nur besonderes Merkmal bei TTM, sondern führt auch dazu das sich das Reißverhalten in dem Bestreben nach Symmetrie selbst verstärkt.

Ca. 48% der Betroffenen zeigen nach dem Ausreißen orale Befriedigungsweisen. So wird sich mit dem Haar über die Lippen gestrichen, dieses als Zahnseide benutzt oder aufgegessen (Christenson & Mackenzie, 1994a). Für viele stellt nur die Haarwurzel den eigentlichen Anreiz dar, welche nach dem Ausreißen genussvoll zerbissen wird (Christenson & Mansueto, 1999). In einigen Fällen wird das Haar auch gegessen (Trichophagie) was zu ernsthaften Komplikationen führen kann, wenn sich der unverdauliche Haarball im Magen oder Dickdarm festsetzt (O´Sullivan, Keuthen, Jenike & Gumley, 1996). Zudem wird von den Autoren ein erhöhtes Risiko für die Ausbildung eines Carpaltunnel- Syndroms genannt.

Die Betroffenen verleugnen und vertuschen den selbstzugefügten Haarausfall. Einige haben den Drang zum Ausreißen von Haaren bei anderen. Es kommt vor, dass Haustieren, Puppen und anderen behaarten Gegenständen Haare ausgerissen werden. Nägelkauen, Kratzen, Nagen und Hautabschürfungen können mit Trichotillomanie einhergehen (American Psychiatric Association, 1994).

2.1.4 Laborbefunde

Eine Biopsie der betroffenen Körperstellen kann kurze und abgebrochene Haare aufzeigen. Oft ist das Haar wie Flaum sehr dünn und spärlich und in der Pigmentierung verändert. Bei einer histologischen Untersuchung werden im selben Areal sowohl normale als auch zerstörte Follikel gefunden. Betroffene Follikel können leer sein oder stark pigmentierte Keratinpfropfen enthalten. Das Fehlen von Entzündungen unterscheidet den Haarausfall durch Trichotillomanie von der Alopecia areata (American Psychiatric Association, 1994).

2.1.5 Körperliche Untersuchungsbefunde

Sichtbare Merkmale sind sowohl Stellen mit totaler Haarlosigkeit, als auch Stellen bei denen die Haardichte deutlich reduziert ist. Häufiger fehlen Augenbrauen und Wimpern fast vollständig. Bei der Untersuchung kann eine sehr lichte Schambehaarung auffallen. Die Muster des Haarausfalls variieren stark voneinander. Auf dem Kopf kann bevorzugt das Haar am Scheitel, am Haaransatz, um den Haarwirbel, an den parietalen Regionen oder hinter den Ohren ausgerissen werden (American Psychiatric Association, 1994). Eher selten ist das Merkmal der Tonsurtrichotillomanie (fast vollständige Kahlheit mit nur schmalem Haarkranz am äußeren Kopfrand). Schmerz wird nicht durchgängig als Begleiterscheinung berichtet (Christenson, Raymond, Faris & McAllister, 1994c). An der betroffenen Stelle können Jucken und Stechen auftreten. Das Ausreißen der Haare bezieht sich prinzipiell auf jede Körperstelle, wobei eine gewisse Rangfolge bei der Wahl der Reißlokalitäten besteht (Tabelle 3, nach Schlosser, Black & Blum, 1994). Demnach ist das Haupthaar am Kopf die Stelle der ersten Wahl, gefolgt von Wimpern, Augenbrauen, Schamhaaren, Gesicht sowie Arm- und Beinhaaren (Christenson et al., 1991a; Schlosser et al., 1994; Cohen, Stein, Simeon, Spadaccini & Rosen, 1995). Bei Männern können zusätzlich auch Nasenhaare, Barthaare, Bauch- und Brusthaare sowie Haare in den Ohren ausgerissen werden (Winchel, 1992a). In einem Artikel von Neudecker & Hand (1999) werden die Ausreißhäufigkeiten für die verschiedenen Körperregionen mit 96% Kopfhaar, 32% Schamhaar, 15% Augenbrauen, 14% Wimpern und 14% andere Regionen benannt (Mehrfachnennung).

Tabelle 3: *Haarausreißverhalten von 22 TTM- Patienten (nach Schlosser et al., 1994)*

Verhalten	n	%	Verhalten	n	%
Bevorzugte Bereiche:			**Bevorzugte Hand:**		
Kopfhaar	19	86	dominante	11	50
Wimpern	7	32	nicht- dominante	7	32
Augenbrauen	6	27	beide Hände	4	18
Schamhaar	6	27			
Bart- bzw. Gesichtshaar	2	9	**Ausreißmenge:**		
Armhaar	4	18	einzelne Haare	12	55
Beinhaar	1	5	büschelweise	2	9
			beides	8	36
vorheriger Spannungsanstieg;	11	50			
nachfolgende Reduzierung	11	50	**Orale Befriedigung:**		
			um den Mund reiben	7	32
immer bewusstes Reißen	7	32	lecken des Haares	2	9
immer unbewusstes Reißen	0	0	kauen/ abbeißen des Haares	6	27
teils bewusst, teils unbewusst	15	68	essen des Haares	1	5
			anderes orales Verhalten	14	64
Ausreißsituationen:					
fernsehen	17	77	**Betroffene Stellen:**		
lesen	14	64	1	9	41
telefonieren	15	68	2	3	14
im Bett liegen	11	50	3	1	5
Auto fahren	7	32	4 oder mehr	9	41
schreiben	11	50			
			Vertuschen am Kopf durch:		
Symmetrie des Ausreißens			Perücken	1	5
symmetrisch	15	68	Schaals	4	21
unsymmetrisch	7	32	Haarstyling	12	63
Verhaltensunterdrückung durch:			**Vertuschen an den Wimpern:**		
Barrieren am Kopf	12	55	falsche Wimpern	1	14
Wechsel der Aktivitäten	14	64	anderes	3	43
Beschäftigung der Hände	13	59			
Tragen von Handschuhen	2	9	**Vertuschen an den Brauen:**		
Sitzen auf den Händen	6	27	Brillen	3	50
Zusammenhalten der Finger	1	5	Make- up	3	50
Verstecken der Pinzette	4	18			
Vaseline in den Haaren verteilen	1	5			

2.1.6   Störungsbeginn- und Verlauf

Trichotillomanie beginnt meist mit der Pubertät, d.h. um das 11.- 15. Lebensjahr (Schlosser et al., 1994; Christenson, 1995; Cohen et al., 1995). Studien über einen Zusammenhang von hormoneller Umstellung des Körpers und Beginn der Störung sind allerdings bekannt. Keuthen, O´Sullivan, Hayday, Peets & Jenike (1997) berichten von einen Anstieg des Reißreizes in der Woche vor Menstruationsbeginn.

Christenson, Mackenzie & Mitchell et al. (1994b) fanden eine übereinstimmende Phänomenologie zwischen Männern und Frauen. Sie gehen von einer Gleichverteilung der Auftretenshäufigkeit von TTM aus. Den ausgesprochen hohe Frauenanteil von bis zu 93% (Christenson, 1995; Cohen et al., 1995) erklären die Autoren damit, dass Frauen eher gewillt sind professionelle Hilfe aufzusuchen. Bei Männern sei Haarausfall zudem gesellschaftlich akzeptiert, so dass die Betroffenen ihre Symptome leichter vertuschen können.

Christenson & Mansueto (1999) geben eine Zusammenstellung möglicher äußerer Auslöse- bzw. Stressfaktoren, wie Tod oder Krankheit eines Familienmitglieds, Wohnortwechsel, Distanzierung oder Entfremdung von Freunden, Schwierigkeiten oder Druck in der Schule, Eintritt der Menarche, Trennung oder Scheidung der Eltern, Geschwisterrivalitäten, Aufgeben des Rauchens, Sexueller Missbrauch u.a. an.

Christenson & Mackenzie (1994a) schätzen in ihrer Untersuchung zu automatisiertem- und fokussiertem Haareausreißen, dass ca. dreiviertel der Betroffenen überwiegend unbewusst, d.h. gewohnheitsmäßig Haare ausreißen. Bei einem Drittel ihrer Probanden waren die Handlungen des Haareausreißens sogar mit lustvollen Aspekten verbunden, die dabei halfen ein Gefühl von Lethargie und Langeweile zu lindern. Nur ein Viertel der Befragten assoziierte in dieser Untersuchung das Haareausreißen mit innerem Drang, erhöhter Anspannung oder Zwangsgedanken.

Nach Neudecker & Hand (1999) gibt es selten reißfreie Phasen die länger als ein paar Tage andauern. Die meisten Patienten haben bestimmte „Lieblingsstellen" an denen sie reißen. Scheinen diese Orte erschöpft, d.h. ist entweder deutlich die Kopfhaut zu sehen oder sind z.B. alle Augenbrauen ausgerissen, wird vorübergehend auf andere Orte ausgewichen. Bei starker, über Jahre andauernder Trichotillomanie, muss langfristig mit Kahlheit gerechnet werden.

Vereinzelt berichtete Erfolge über längere reißfreie Zeiten von Monaten und Jahren scheinen durch einen phasenweisen Verlauf des Störungsbildes bestimmt zu sein (Christenson, 1995). Die Dauer der Haarausreißepisoden schwankt zwischen wenigen Minuten bis zu einigen Stunden täglich (Swedo & Rapoport, 1991a; Winchel, 1992).

2.1.7   Soziale Beeinträchtigung

Das am häufigsten beobachtete sekundäre Problem der TTM- Betroffenen ist die zunehmende soziale Isolation. Einerseits werden für das stundenlange Beschäftigen mit dem Haar soziale Kontakte geopfert, andererseits entsteht diese Isolation aber aus dem Gefühl von Scham und Peinlichkeit (Swedo & Rappoport, 1991a). Viele der Betroffenen benutzen Perücken, spezielles Haardesign, Kopftücher, Make-Ups, Hüte, künstliche Wimpern u.a. (Schlosser et al., 1994; Diefenbach, Reitman & Williamson, 2000). Aus Furcht vor Entdeckung werden Freizeitbeschäftigungen wie Schwimmen, Tanzen, Sport und andere Situationen, in denen der Haarverlust entdeckt werden könnte, vermieden. Neben der geminderten Lebensqualität der Betroffenen führt diese ängstliche Vermeidung von Sozialkontakten auch dazu, dass es den TTM- Patienten nicht gelingt ärztlich- psychologische Hilfe aufzusuchen (O´Sullivan et al., 1996). Dieses vermeidende Verhalten führt wiederum dazu, dass viele Betroffene glauben die Einzigen mit diesem Problem zu sein (Diefenbach et al., 2000).

2.1.8   Prävalenz

In der ersten Studie zur Prävalenz der TTM, wurden 2579 College- Studenten befragt (Christenson, Pyle & Mitchell, 1991b). Die Resultate zeigten bei 1,5% der Männer und 3,4% der Frauen pathologischen Haarverlust, wenn man das Kriterium C des „unmittelbaren Spannungsanstiegs vor der Handlung" vernachlässigte. Bei Erfüllung aller Diagnosekriterien wurde eine Lifetime- Prävalenz über beide Geschlechter von 0,6% ermittelt. In einer anderen Studie an College- Studenten wurden Prävalenzraten zwischen 10% and 13% angegeben, wobei aber nur bei 1% der Studenten klinisch auffälliger Haarverlust festzustellen war (Rothbaum, Shaw, Morris & Ninan, 1993).

2.1.9   Komorbidität

Trichotillomanie scheint in den wenigsten Fällen losgelöst von anderen Störungsbildern aufzutreten. Häufig sind Komorbiditäten zu anderen Achse- I Störungen nach DSM-IV (Klinische Störungen und andere klinisch relevante Probleme, d.h. Zustandsstörungen, schwere mentale Fehlstörung und Lernunfähigkeiten) zu beobachten. Christenson et al. (1991a) fanden innerhalb der TTM- Patientengruppe (N= 60) Komorbiditäten von 55% Major Depression, 57% Angststörungen, 20% Essstörungen und 22% Alkohol- Abhängigkeit. In der Untersuchung von Swedo & Leonard (1992) wurden Raten von 39% unipolarer Depression, 32% generalisierter Angststörung, 16% Zwangstörung und 15% Substanzabhängigkeit bei der TTM- Gruppe festgestellt. Christenson (1995) lieferte die mit 186 TTM- Patienten umfangreichste Studie zu Achse- I Störungen mit 59% Affektiven Störungen (davon 51,6% Major Depression), 82,9% Angststörungen (davon 27% generalisierte Angststörung, 18,8% einfache Phobie, 13,4% Zwangsstörungen u.a.), 21% Essstörungen, 35,5% Substanzmissbrauch oder Abhängigkeit und 3,2% chronisch- motorischen Tics.

Christenson, Chernoff- Clementz & Clementz (1992) untersuchten an 48 TTM- Patienten auch die Komorbidität zu Achse-II- Persönlichkeitsstörungen nach DSM-IV (Persönlichkeitsstörungen). 42% der untersuchten Patienten wiesen entsprechende Komorbiditäten auf (Histrionische PS, 14,6%; Vermeidende PS, 10,4%; Zwanghafte- und Abhängige PS je 8,3% u.a.). Da es zur parallelisierten Kontrollgruppe (N= 48) keine signifikanten Unterschiede gab, schlossen die Autoren auf keine charakteristischen Persönlichkeitsstörungen bei TTM- Patienten. Swedo (1993) stellte bei 38% ihrer TTM- Patienten Achse-II- Persönlichkeitsstörungen fest. Bei Schlosser et al. (1994) finden sich 55% Achse-II- Persönlichkeitsstörungen (PS) in der TTM- Gruppe (N= 22). Dabei nehmen die Schizoide PS 14%, die Borderline PS 14%, die Vermeidende- PS 14%, die Passiv- aggressive PS 14% und die Obsessive- Compulsive PS 27% ein (bei Mehrfachnennung).

Auch wenn die TTM- Betroffenen eine im Vergleich zur Normalbevölkerung höhere Prävalenz zu Persönlichkeitsstörungen aufzuweisen, sind diese Störungen nicht häufiger anzutreffen als bei anderen psychischen Erkrankungen (Christenson et al. 1992). Eine zusammenfassende Übersicht komorbider Achse- I- und Achse II- Störungen bei TTM- Patienten gibt Tabelle 4.

Tabelle 4: *Komorbidität psychischer Erkrankungen bei TTM- Patienten (Mehrfachnennungen möglich)*

Gleichzeitiges Auftreten von TTM mit:	Christenson et al., 1992 N = 48		Swedo & Leonard, 1992 N= 43		Schlosser et al., 1994 N= 22		Christenson, 1995 N= 186	
	n	%	n	%	n	%	n	%
Angststörungen:								
Panikstörung ohne Agoraphobie			2	4,6	3	13,6	10	5,4
Panikstörung mit Agoraphobie							10	5,4
Agoraphobie					1	4,5	3	1,6
Zwangsstörung			6	13,9	4	18,2	25	13,4
Generalisierte Angststörung			12	27,9	2	9,1	50	27
Soziale Phobie							21	11,3
Einfache Phobie			1	2,3	5	22,7	35	18,8
Essstörungen:								
Bulimia nervosa					2	9,1	15	8,1
Anorexia nervosa					1	4,5	3	1,6
Essstörungen n.n.b.			2	4,6	2	9,1	21	11,3
Substanzmissbrauch oder Sucht:								
Alkohol					0	0	36	19,4
Andere/ nicht näher bezeichnet			6	13,9	6	27,3	30	16,1
Tic- Störung:								
Tourette Syndrom							1	0,5
Chronisch- motorische Tics							6	3,2
Persönlichkeitsstörungen (PS):								
Paranoide PS	2	4,2			1	4,5		
Schizoide PS	1	2,1	1	2,3	3	13,6		
Schizotype PS	0	0			1	4,5		
Zwanghafte PS	4	8,3			6	27,2		
Histrionische PS	7	14,6	10	23,2	0	0		
Abhängige PS	4	8,3	2	4,6	2	9,1		
Antisoziale PS	0	0			1	4,5		
Narzistische PS	0	0	1	2,3	2	9,1		
Vermeidende PS	5	10,4	1	2,3	3	13,6		
Borderline PS	1	2,1	7	16,2	3	13,6		
Passiv- aggressive PS	3	6,3	6	13,9	3	13,6		
Selbstschädigende PS					3	13,6		
Gemischte PS	0	0			3	13,6		
Andere					12	54,5		

2.1.10   Familienprävalenz

Schlosser et al. (1994) fanden in ihrer Untersuchung zur Lebenszeit- Prävalenz psychischer Störungen bei 102 Verwandten 1. Grades von Trichotillomanie- Patienten (N= 22) ein 5%iges Vorkommen von Trichotillomanie. Auch das Auftreten von Depression (13%), Substanzabhängigkeit (37%), Antisoziale Persönlichkeitsstörung (12%) und Zwangsstörungen (3%) waren bei den Angehörigen der TTM- Gruppe (N= 182) signifikant höher als bei den Angehörigen der Kontrollgruppe (N= 33). Auch Swedo et al. (1993) fand bei 106 Verwandten 1. Grades von 28 TTM- Patienten 5% Zwangsstörungen und 5% Trichotillomanie. Andere Studien zur Lebenszeit- Prävalenz von Trichotillomanie bei Angehörigen 1. Grades berichten von 3% (Cohen et al., 1995) und 8% (Christenson et al., 1992).

Bienvenu, Samuels, Riddle, Hoehn- Saric & Nestadt (2000) untersuchten ebenfalls den Zusammenhang von Zwangsstörungen (OCD) und Trichotillomanie. Allerdings unterschied sich hier das Versuchsdesign. Grundlage ihrer Untersuchung war die Diskussion der Zuordnung verschiedener Störungsbilder in eine neue gemeinsame Gruppe der Zwangsspektrumsstörungen (OCSD). Untersucht wurden 343 Verwandte 1. Grades von 80 OCD- Patienten und 300 Verwandte 1. Grades von 73 Kontrollpersonen hinsichtlich ihrer Lebenszeit- Prävalenzen. Nach Ansicht der Autoren sollten ausschließlich Störungsbilder mit einer Komorbidität zu Zwangsstörungen dem Zwangs- Spektrum- Modell (OCSD) zugeordnet werden. Zu diesen Störungsbildern zählen u.a. die Körperdysmorphe Störung (15%), Hypochondrie (15%), Pathologisches Fingernägelknabbern (24%) und Pathologisches Hautpicking (23%). Aus der Gruppe der Impuls- Kontroll- Störungen wurde von vier OCD- Patienten (5%) eine Lebenszeit- Prävalenz von Trichotillomanie angegeben. In der Kontrollgruppe gab es nur eine Person (1,4%), die schon einmal unter Trichotillomanie gelitten hatte. Der Unterschied war nicht signifikant (Tabelle 5). Bei den Angehörigen 1. Grades der OCD- Patienten zeigte sich ein ähnliches Bild. Hier wurde nur die Körperdysmorphe Störung mit 12 Personen (3,5%) signifikant höher als von den Verwandten der Kontrollgruppe angegeben. Trichotillomanie tritt nur noch bei drei Verwandten (1%) der OCD- Patienten auf und überhaupt nicht bei den Kontrollverwandten. Damit zählt für die Autoren die Gruppe der Impuls- Kontroll- Störungen nicht zu den Zwangsspektrumsstörungen (OCSD).

Tabelle 5: *Lebenszeit- Prävalenzen von Zwangs - Spektrums Störungen (OCSD) bei OCD- Patienten OCD- Patienten sowie deren Verwandten 1. Grades (nach Bienvenu, 2000)*

Störungsbilder:	OCD- Patienten		Kontroll- gruppe		Verwandte 1. Grades			
					OCD- Gruppe		Kontroll- gruppe	
	N= 80		N= 73		N= 343		N= 300	
	n	%	n	%	n	%	n	%
Körperdysmorphe Störungen	12	15	2	3	12	3,5	2	1
Hypochondrie	12	15	0	0	6	2	3	1
Anorexia nervosa	7	9	2	3	3	1	2	1
Bulimia nervosa	3	4	1	1	3	1	2	1
Fingernagelknabbern	19	24	10	14	24	7	20	7
Pathologisches Hautpicking	18	23	4	5	16	5	9	3
Trichotillomanie	4	5	1	1	3	1	0	0
Kleptomanie	2	3	0	0	1	0	2	1
Pathologisches Spielen	0	0	0	0	1	0	0	0
Pyromanie	0	0	0	0	1	0	0	0
Somatoforme Störungen	17	22	2	3	15	4	5	1,5
andere Essstörungen	10	13	3	4	8	2,5	4	1
anderes "Grooming" Verhalten	31	39	12	16	38	11	24	8
andere Spektrums- Störungen	44	55	15	21	55	16	33	11

2.1.11 Neurobiologie

Neurobiologische Untersuchungen zur Trichotillomanie umfassen das Neurotransmitter- system, die funktionale Gehirnstruktur, die neuropsychologische Leistungsfähigkeit sowie deren Abweichungen und Auswirkungen auf die Symptomatik.

2.1.11.1 Neurotransmitter

Verschiedene Studien implizieren eine serotonerge Dysfunktion in der Neurobiologie der proklamierten Zwangsspektrumsstörungen (OCSD).

Messungen der Hauptmetaboliten 5-Hydroxyindolessigsäure (5-HIAA) von Sero- tonin und 3-Methoxy-4-Hydroxyphenylglycol (MHPG) von Noradrenalin in der ce- rebrospinalen Flüssigkeit (CSF 5-HIAA) bei 11 medikamentenfreien TTM- Patienten durch Ninan, Rothbaum & Stipetic (1992) ergaben keine Abweichungen zur paralleli- sierten Kontrollgruppe (N= 17). Auch die Level der Metaboliten von Dopamin (Homovanillicsäure) und Epinephrin (Adrenalin, ein von der Nebennierenrinde ausge-schiedenes Hormon) unterschieden sich nicht. Zumindest ließ sich von den Autoren innerhalb der TTM- Gruppe ein positiver Zusammenhang zwischen der Gabe von selek-tiven Serotonin- Wiederaufnahme- Hemmern (SSRI´s) und der Veränderung des CSF 5- HIAA Levels feststellen.

Eine Untersuchung mit dem Serotoninagonisten *m*-Chlorophenylpiperazine (m-CPP) durch Hollander, DeCaria & Nitescu (1992), führte bei OCD- Patienten zu einem Anstieg dysphorischer Affekte sowie zwanghafter Gedanken und Handlungen. Bei Pati-enten mit einer impulsiven Persönlichkeitsstörung wird von euphorischen Reaktionen auf die Stimulation mit m-CPP berichtet (Hollander, Stein & DeCaria, 1994). Auch bei pathologischen Spielern und TTM- Patienten wurden durch einen Anstieg der Prolaktin-Spiegel euphorische Reaktionen auf m- CPP Stimulation berichtet (Stein, Hollander, Cohen, Simeon DeCaria & Islam, 1994). Offensichtlich gibt es neurobiologische Ge-meinsamkeiten zwischen impulsiver Persönlichkeitsstörung und Trichotillomanie. Die Veränderung der Serotoninfunktion durch m-CPP beeinflusst direkt die Ausschüttung der neuroendokrinen Hormone Prolaktin, Cortisol und des Wachstumshormons. Stein, Hollander & Cohen (1995b) verglichen 10 weibliche TTM- Patienten mit einer paralleli-sierten Kontrollgruppe (Alter und Geschlecht) bezüglich deren Reaktion auf m-CPP. Es wurden keine Unterschiede im Prolaktin- und Cortisolspiegel zwischen den Gruppen festgestellt. Die Autoren vermuten einen Geschlechtseffekt, da Frauen stabiler auf Se-rotoninprovokationen reagieren. Im Unterschied dazu reagieren bei Zwangspatienten beide Geschlechter mit einem Anstieg der Zwangssymptome durch m-CPP (Stein, Si-meon, Cohen & Hollander, 1995a).

Stanley & Cohen (1999) merken an, dass Störungsbilder aus dem Bereich der OCSD mit motorischen Affinitäten auch auf Reaktionen im dopaminergen Metabolismus untersucht werden müssten. Leckmann (1993) verweist auf die zentrale motorische Komponente zwischen Trichotillomanie und dem Tourette Syndrome.

Carpenter, Henninger, McDougle, Tyrka & Epperson (2002) untersuchten sowohl bei OCD- Patienten (N= 26) als auch bei TTM- Patienten (N= 9) die CSF- Konzentration an dem Cytokin Interleukin IL- 6. Dieses Eiweiß spielt eine übergeordnete Rolle bei der Regulation von Autoimmunreaktionen sowie bei der Bildung von Stammzellen im

Knochenmark. Zudem ist in der Pathogenese von Depressionen (Connor & Leonard, 1998; zitiert nach Carpenter, 2002), Demenz (Leonard 2001; zitiert nach Carpenter, 2002) und Schizophrenie (Müller, Riedel, Gruber, Ackenheil & Schwarz 2000; nach Carpenter, 2002) ein Anstieg der IL- 6 Konzentration zu beobachten. In oben erwähnter Studie konnte jedoch in beiden Gruppen keine Erhöhung der IL- 6 Konzentration gegenüber den Kontrollgruppen festgestellt werden. Diese Ergebnisse sprechen gegen eine Beteiligung der Immunaktivität in der Pathogenese von OCD und TTM.

Fazit: Der Anstieg euphorischer Reaktionen durch den Serotoninagonisten m- CPP bei Trichotillomanie und impulsiver Persönlichkeitsstörung lässt Rückschlüsse auf ähnliche neurobiologische Mechanismen beider Störungsbilder zu.

2.1.11.2 Neuropathologie

Swedo, Rapoport & Leonard (1991b) stellten mittels Positronen- Emissions- Tomographie (PET) einen bilateralen Anstieg des Glucosemetabolismus im Cerebellum wie auch im rechten superior- parietalen Bereich bei zehn TTM- Patienten (Kontrollgruppe, N= 10) fest. Diese Ergebnisse entsprechen nicht den Befunden von OCD- Patienten. Hier konnte ein erhöhter Glucosemetabolismus in Regionen des orbito- frontalen Bereichs und im Nucleus caudatus aufgezeigt werden (Baxter, Phelps & Mazziotta, 1987; Baxter, Schwartz & Bergman, 1988; Nordahl, Benkelfat & Semple, 1989; Swedo, Schapiro & Brady 1989d; nach Stanley & Cohen, 1999). Bei Gabe von Clomipramin korrelieren beide Störungsbilder negativ im Glucosemetabolismus des orbito- frontalen Bereichs (Swedo et al., 1991b).

Befunde der Volumenmessung einzelner Gehirnareale über Magnet- Resonanz- Tomographie (MRT) zeigten bei zehn Frauen mit Trichotillomanie (Kontrollgruppe, N= 10) ein verkleinertes linkes Putamen (13,2%) aber keine Unterschiede im Nucleus caudatus Volumen. Auch Stein, Coetzer & Lee (1997) konnten durch MRT keine Volumenunterschiede des Nucleus caudatus bei TTM- und OCD- Patienten feststellen. Singer, Reiss, Brown, Aylward & Shih (1993; zitiert nach Stein, O´Sullivan & Hollander, 1999) verweisen auf die Befunde zum Tourette- Syndrom mit ebenfalls verkleinertem Putamen.

Fazit: Trichotillomanie- und Zwangspatienten weisen bezüglich des Glukose- Metabolismus Aktivitäten in unterschiedlichen Hirnarealen auf. Die Befunde eines verkleinerten

Putamen bei TTM- Patienten sprechen für eine mögliche Beteiligung dieser Hirnregion an unwillkürlichen Ausreißhandlungen.

2.1.11.3 Neuropsychologie

In einem Vergleich von 21 TTM- Patienten, 12 OCD- Patienten, 17 Angstpatienten und 16 Kontrollpersonen bezüglich ihrer Leistungen in räumlicher Merkfähigkeit und Orientierung (Stylus Maze und Money Road Map Test) ähnelten sich Fehlerraten und Regelverletzungen von TTM- Patienten und OCD- Patienten im Stylus Maze (Rettew, Cheslow & Rapoport, 1991). Probleme der räumlichen Wahrnehmung werden angenommen. Es wurde zudem eine Korrelation von Testfehlern und Medikation mit Clomipramin (einem trizyklischen Antidepressivum, welches als selektiver Serotonin- Wiederaufnahme- Hemmer [SSRI] und somit als Serotonin-Antagonist wirkt) in der TTM- Gruppe festgestellt. Die Anwendung von SSRI´s basiert auf der Vermutung, dass eine Störung im Serotonin- Metabolismus bei TTM vorliegt.

Martin, Pigott, Lalonde, Dalton Dubbert & Murphy (1993; zitiert nach Stanley, Hannay & Breckenridge, 1997) vermuten, dass die Abweichungen der kognitiven Fähigkeiten von Trichotillomanie und Zwangspatienten ähnlich wie bei Corea Huntington auf Veränderungen in den Basalganglien zurückzuführen sind.

Keuthen, Savage, O´Sullivan, Brown & Shera (1996) verglichen 20 TTM- Patienten mit 20 neuropsychiatrisch gesunden Kontrollpersonen (parallelisiert nach Alter, Geschlecht, Bildung und Händigkeit, Ausschluss von Depressionen und Substanzabhängigkeit) bezüglich exekutiver Fähigkeiten, visuell- räumlicher Fähigkeiten, Aufmerksamkeit sowie unmittelbarem verbalem und nonverbalem Gedächtnis. Signifikante Unterschiede in exekutiven Fähigkeiten (Gestaltsubtest vom Odd Man Out Test) und nonverbalem Gedächtnis (Ray- Osterrieth Complex Figure Test) wurden gemessen.

Stanley et al. (1997) verglichen 21 TTM- Patienten mit 17 parallelisierten Kontrollpersonen anhand intellektueller Fähigkeiten, auditiver und visueller Wahrnehmung, motorischen- und somatosensorischen Fähigkeiten, räumlicher Gedächtnisleistung, Aufmerksamkeit, Informationsverarbeitungsgeschwindigkeit, Impulsivität und cerebraler Dominanz. Die Trichotillomanie- Gruppe erzielte in allen Tests zur geteilten Aufmerksamkeit (Trail Making Test B, Paced Auditory Serial Addition Test (PASAT), Stroop- Color- Word Test) signifikant abweichende Ergebnisse zur Kontrollgruppe. Da sowohl der PASAT signifikant mit dem Beck Depressions Inventar (BDI) und dem State- Trait Anxiety Inventar (STAI), als auch der Trail Making B mit dem STAI korrelierte, sehen die Autoren einen Zusammenhang von negativen affektiven Zuständen wie Depressionen und Ängsten und geteilter Aufmerksamkeit bestätigt.

Fazit: Diese Ergebnisse implizieren eine Zugehörigkeit der Trichotillomanie zu den Angst- bzw. affektiven Störungen. Zudem weisen TTM- Patienten erhebliche kognitive Defizite auf.

2.1.12 Pharmakologie

Aufgrund der Ähnlichkeiten zwischen der Trichotillomanie und der Zwangsstörung wurden vor allem selektive Serotonin- Wiederaufnahme- Hemmer (SSRI´s) bei der Behandlung der TTM eingesetzt, da sich diese bei der Behandlung von Zwangsstörungen als wirksam erwiesen haben.

Swedo, Leonard & Rapoport (1989) verglichen in einem Doppel- Blind- Crossover Versuch an 22 TTM- Patienten die Wirksamkeit von Clomipramin (Serotonin- Blocker) und Desipramin (Noradrenalin- Blocker). Clomipramin erwies sich dabei in der Bewertung von Schweregrad und Beeinträchtigung (10 Wochen, 3 Ratings) Desipramin signifikant überlegen. 12 Patienten berichten von signifikanter Verbesserung des Ausreißverhaltens, 3 Patienten werden symptomfrei. Pollard, Ibe, Krojanker, Kitchen & Bronson (1991) berichten eine starke Symptomreduktion während der Behandlung mit Clomipramin (N= 4). Nach drei Monaten wurden allerdings drei von vier Patienten wieder rückfällig. Diese Beobachtungen stehen im Kontrast zu Swedo, Lenane & Leonard(1993) die in einem follow- up von 4,3 Jahren (N= 16) eine anhaltende Reduktion der Symptome der Trichotillomanie berichten. Offen bleibt in dieser Studie welcher Anteil am Therapieerfolg auf die Medikation mit Clomipramin zurückzuführen ist, da es sich um eine Kombinationstherapie aus Medikation, Verhaltens- und/ oder Psychotherapie handelte.

Pigott, L´Heueux & Grady (1992; zitiert nach Christenson & Crow, 1996) verglichen die Wirksamkeit von Clomipramin und Fluoxetine in einem Doubleblind – Crossover- Placebo Design. Hier wurden mit beiden Medikamenten ähnlich positive Effekte in der Behandlung der Trichotillomanie erzielt. Winchel, Jones, Stanley & Molcho (1992c) untersuchten an 12 TTM- Patienten die Wirksamkeit des SSRI Fluoxetin (Open- label Design) über 16 Wochen mit 80mg/d. Eine signifikante Symptomreduktion wird mitgeteilt. Dieses Ergebnis steht im Widerspruch zu Christenson, Mackenzie & Mitchell (1991d), die bei 16 TTM- Patienten (18 Wochen, Crossover Design) keine Überlegenheit von Fluoxetin gegenüber dem Placebo feststellen konnten (ebenfalls 80mg/d). Auch der Versuch von Streichenwein & Thornby (1995) (Placebo kontrolliertes Crossover Design) Fluoxetin für die Behandlung von Trichotillomanie einzusetzen führte nicht zum Erfolg. Christenson et al. (1996) erreichten durch Anwendung des SSRI´s Fluvoxamin bei 19 TTM- Patienten (8 Wochen, Open- Trial) eine Verbesserung der Gesamtsymptomatik zwischen 27,3% und 50,7%. Eine Reduktion des Haareausreißens um mindestens 50% erreichten aber nur vier Patienten, die nach sechsmonatiger Weiterbehandlung mit Fluvoxamin wieder auf ihr Ausgangslevel zurückfielen.

Christenson, Popkin & Mackenzie (1991c) untersuchten die Effektivität der Behandlung der TTM mit Lithium (N= 10) über 2- 14 Monate. Bei acht Patienten war eine Verbesserung des Haarausreißverhaltens mit Haarwachstum zu beobachten, während sich bei zwei Patienten die Symptome verschlechterten. Ein Symptomrückfall nach dem Absetzen von Lithium wurde nur bei drei von acht Patienten festgestellt. Stein & Hollander (1992) erreichten durch den Einsatz von Pimozide (neuroleptischer Dopaminagonist) bei sechs von sieben TTM- Patienten eine weiter anhaltende Unterdrückung des Ausreißverhaltens nach Resistenz auf Fluoxetine und Clomipramin. Bei drei der sechs Patienten war die Medikation 12 Monate wirksam.

Fazit: Die Substanz Clomipramin bewirkt (zum Teil in Kombination mit anderen Therapiemaßnahmen) bei der Mehrheit der TTM- Patienten eine zeitweilige Verbesserung der Symptomatik. Im Gegensatz zu OCD- Patienten eignet sich diese Medikamentengruppe wegen sich entwickelnder Resistenzen nicht für eine dauerhafte Medikation bei Trichotillomanie. Die Wirksamkeit der Substanz Fluoxetin wird in der Literatur widersprüchlich diskutiert. Die nachfolgende Tabelle 6 gibt einen Überblick der kontrollierten Studien.

Tabelle 6: *Kontrollierte Pharmakastudien bei Trichotillomanie*

Studie	N	Methode/ Design	Medi-kati-on	Dauer in Wochen	Dosis/ d in mg	Dosis-intervall in mg	Stop	Rating	Ergebnis
Swedo et al. 1989	22	Doubleblind, Crossover	CMI vs. DMI	5 pro Test	CMI 180 +/- 56 DMI 173 +/- 33	50 bis 250 in 3 Wo.	Ohne	TSS, TIS, PCS	CMI signifi-kant besser als DMI mit TIS u. PCS erfasst
Christen-son et al. 1991	16	Doubleblind, Placebo-kontrolliert, Crossover	FLX	6	ab 80	20 bis 80 14 Tage Inter-valle	5 Wochen	Drang, wöchent-liches Schätzen der Reiß-frequenz	Keine sign. Differenzen große Baseli-ne- Differen-zen
Pigott et al. 1992	12	Randomisirt Doubleblind, Crossover	CMI und FLX	10 pro Test	CMI 200 +/- 15 FLX 75 +/- 5	k.A.	4 Wochen Placebo	Y-BOCS, G-OCSS, NIMH-OC, Ham-D	Signifikante Verbess-erung mit CMI und FLX in allen Mes-sungen
Christen-son et al. 1994	17	Doubleblind, Placebo-kontrolliert, Parallel-Design	NAL	6	50	k.A.	k.A.	TSS, PCS, TIS, Schätzen der Reiß-frequenz	3 von 7 Pati-enten mit 50% Verbess-erung in TSS
Streichen-wein und Thornby 1995	16	Doubleblind Placebo-kontrolliert, Crossover	FLX	12	70	20 bis 80 14 Tage Inter-valle	2 Wochen	Ham-D, BDI, HPS, Drang, Haare zählen, Reiß-frequenz	Keine signi-fikante Ver-besserung zwischen den Gruppen

Legende: BDI= Becks Depressions Inventar; CMI= Clomipramin; DMI= Desipramin; FLX= Fluoxetine; G-OCSS= Global Obsessive Compulsive Symptom Scale; Ham-D= Hamilton Depressions Scale; HPS= Hair Pulling Severity; NIMH-OC= National Institute of Mental Health Obsessive Compulsive Scale; NAL= Naltrexon; PCS= Physican`s Change Scale; PLB= Placebo; TIS= Trichotollomania Impairment Scale; TSS= Trichotollomania Symptom Severity Scale; Y-BOCS = Yale- Brown Obsessive Compulsive Scale

2.1.13 Differentialdiagnosen

Bei Betroffenen die das Haareausreißen verleugnen, sollten nach DSM- IV (American Psychiatric Association, 1994) andere Gründe für den Haarausfall in Betracht gezogen werden:

1)   Eine gesonderte Diagnose Trichotillomanie wird nicht gestellt, wenn das Verhalten besser durch eine andere psychische Störung erklärt werden kann.

2)   Das wiederholte Haareausreißen bei Trichotillomanie muss von einem Zwang, wie er bei Zwangsstörungen vorkommt, unterschieden werden. Bei der Zwangsstörung werden die wiederholten Handlungen als Reaktion auf eine Zwangsvorstellung oder aufgrund von Regeln, die rigide befolgt werden müssen, ausgeführt.

3)   Die zusätzliche Diagnose „Stereotype Bewegungsstörung" mit autoaggressivem Charakter wird nicht gestellt, wenn sich das Ausführen der wiederholten Handlungen auf das Haareausreißen beschränkt.

4)   Der selbst herbeigeführte Haarausfall bei der Trichotillomanie muss von der „vorgetäuschten Störung mit vorwiegend körperlichen Zeichen und Symptomen" unterschieden werden, bei welcher der Wunsch des Betroffenen die Krankenrolle einzunehmen die Handlung motiviert.

Viele Menschen drehen und spielen an ihren Haaren, vor allem in Zeiten erhöhter Ängstlichkeit oder bei Stress. Dieses Verhalten lässt normalerweise nicht die Diagnose der Trichotillomanie zu. Personen bei denen die resultierende Haarschädigung durch TTM so gering ist, dass sie praktisch nicht zu sehen ist, sollten die Diagnose nur gestellt bekommen, wenn sie deutlich unter den Symptomen leiden. Da bei Kindern begrenzte Phasen des Haareausreißens normal sind, sollten diese als Angewohnheit betrachtet werden. Deshalb soll bei Kindern die Diagnose der TTM erst dann gestellt werden, wenn das Verhalten über mehrere Monate hinweg anhält.

2.2 Impulsivität

2.2.1 Historischer Überblick

Schon 1896 wurde von Kraepelin in die deutsche Psychiatrie der Begriff des „impulsiven Irrseins" eingeführt. Dieser umfasste Krankheitszustände, bei denen die Betroffenen einem unzähmbaren Impuls folgten, dessen Ausführung Befriedigung und Erleichterung versprach. Das Konzept des impulsiven Irrseins geht auf die „Monomanie instinctive" zurück, die 1839 vom französischen Psychiater Esquirol als Willensstörung mit daraus folgendem ungesteuerten Verhalten beschrieben wurde (zitiert nach Herpertz, 2001). Janet definierte 1906 den Begriff der Impulsneurose als unwiderstehlichen Handlungsdrang, welcher der Befindlichkeitsmanipulation in Zuständen innerer Leere und Hilflosigkeit diene.

Bedeutsam für das heutige Verständnis der Impulskontrollstörungen sind die beiden Aspekte „plötzliche Energieentladung" und „Mangel an Willenskontrolle" (Herpertz & Saß, 1997). Buss & Plonin (1975) übernehmen diese zweigliedrige Struktur der Impulsivität, ersetzen die beiden Komponenten aber durch „schnelles und heftiges Antworten auf Reize" vs. „zurücklehnen und Planen vor dem Handeln" im Sinne einer Antriebsfunktion und „Widerstand leisten" vs. „nachgeben gegenüber Trieben, Impulsen und Motivation" im Sinne einer Kontrollfunktion. Die beiden Dimensionen Antrieb und Kontrolle sind für Herpertz & Saß (1997) die beiden Primärkräfte der Impulsivität. Gemeint ist damit das Verhalten als Resultat ins Bewusstsein getretener Kräfte und Gegenkräfte von Antrieb und Hemmung. „Die Seite der Hemmung bildet sich im Konstrukt der *Impulskontrolle* ab, während der andere Aspekt als *impulsiver Antrieb* bezeichnet wird" (Herpertz & Saß, 1997, S. 173).

2.2.2 Störungen der Impulskontrolle bei psychiatrischen Erkrankungen

Impulsivität und gestörte Impulskontrolle werden mit einer zunehmenden Zahl psychischer Störungen in Zusammenhang gebracht. Während Impulsivität eine überdauernde komplexe Persönlichkeitsdisposition beschreibt, wurde die DSM- IV- Kategorie der „Störungen der Impulskontrolle nicht andernorts klassifiziert" (American Psychiatric Association, 1994) durch spezifische dysfunktionale Verhaltensweisen operationalisiert. Dabei darf nicht übersehen werden, dass unkontrollierte Handlungsimpulse im Verlauf fast aller psychiatrischen Erkrankungen vorkommen können. Diese sind in Tabelle 7 aufgeführt. Sie sind besonders dann von klinischer Relevanz, wenn es sich um selbst- oder fremdschädigende impulsive Aggressionen handelt (Herpertz, 2001).

Tabelle 7: *Störungen der Impulskontrolle bei psychiatrischen Erkrankungen*

Störungsbilder mit temporärem oder primärem Impulskontrollverlust	
• Störungen im Kindesalter	- Geistige Behinderung
	- Aufmerksamkeits- und Hyperaktivitätsstörung
	- Störungen mit oppositionellem Trotzverhalten
	- Störungen des Sozialverhaltens
	- Tic- Störungen
	- Autismus
• Organisch bedingte Störungen	- Organisch bedingte Persönlichkeitsstörung
	- Durchgangssyndrome
• Substanzinduzierte Störungen	- Alkoholintoxikation
	- Intoxikation durch Amphetamine, Kokain oder Phencyclidin
	- Entzugsdelirien
• Affektive Störungen	- Manisch- aggressive Episoden
	- Raptus melancholicus (mit Suizid)
• Essstörungen	- Bulimia nervosa
	- Anorexia nervosa (Purging- Typ)
	- Binge eating
• Impulskontrollstörungen	- Intermittierende explosible Störung
	- Kleptomanie
	- Pyromanie
	- Pathologisches Spielen
	- Trichotillomanie
	- Nicht näher bezeichnete Störung der Impuls kontrolle

Bei der im DSM- IV und ICD- 10 enthaltenen Kategorie der „Störungen der Impulskontrolle nicht andernorts klassifiziert", wird das Versagen einem Impuls, einem Trieb oder einer Versuchung zu widerstehen und eine Handlung auszuführen, die schädlich für die Person selbst oder für andere ist, als mangelnde Impulskontrolle angesehen.

Für Herpertz & Saß (1997) ist Impulsivität eine eng mit dem Temperament verbundene Eigenschaft des Antriebes, die von spezifischen Hemmungs- und Kontrollmechanismen abhängig ist, welche man auch als Impulskontrolle bezeichnen kann. Antrieb und Impulskontrolle manifestieren sich dabei auf allen Funktionsebenen der Persönlichkeit, im Verhalten, in kognitiven Prozessen oder bei der Regulation von Affekten. Dickmann (1990) unterscheidet zwei Arten des Persönlichkeitsmerkmals Impulsivität. Zum einen die dysfunktionale Impulsivität, welche als Handeln ohne Voraussicht verstanden werden kann und zum anderen die funktionale Impulsivität, die spontanes situationsangepasstes Verhalten meint.

Block & Block (1980) sprechen von mangelnder ego- Kontrolle, die zu einer direkten Umsetzung von Impulsen in Handlungen führt. Für sie ist Impulskontrolle mit Belohnungsaufschub gleichzusetzen (z.B. warten können auf ein verpacktes Geschenk) und Ausdruck einer generalisierten Fähigkeit Impulse, Gefühle und Wünsche zu unterdrücken.

Für Funder & Block (1989) ist der Belohnungsaufschub dagegen eine rein konstitutionelle Fähigkeit. Erst bei genügender Belohnungsmotivation kommt der Aspekt der Impulskontrolle hinzu. Aus dieser Überlegung heraus muss die Fähigkeit zum Belohnungsaufschub mindestens zwei Bestandteile haben:

A)   Einen kognitiven Aspekt, d.h. wie gut die Person in der Lage ist eine Aufgabe und was von ihr erwartet wird zu verstehen und diese Erwartungen zu erfüllen.

B)   Einen motivationalen Aspekt, d.h. die Fähigkeit einer Person den Impuls zur sofortigen Belohnung bei hohen Anreizen zurückzuhalten.

Das Ausmaß an Impulskontrolle über die ein Individuum verfügt, beeinflusst entscheidend das Funktionsniveau seiner Persönlichkeit. Herpertz (2001) betrachtet Impulskontrolle (Verhaltenshemmung) als ein über die Lebensspanne relativ stabiles Persönlichkeitsmerkmal, welches als zentrale Eigenart impulsiver Individuen angenommen wird. Auf dem Hintergrund dimensionaler Persönlichkeitsmodelle wie dem Fünf- Faktoren- Modell (FFI) von Costa & McCrae (1990) mit den Dimensionen Neurotizismus, Extraversion, Gewissenhaftigkeit, Verträglichkeit und Offenheit für Erfahrungen, verstehen

Watson, Clark & Harkness (1994) die Impulskontrolle als eine Facette der Gewissenhaftigkeit. Gewissenhafte Individuen sind gekennzeichnet durch sorgfältiges Planen von Handlungen, gründlichem Durchdenken anstehender Entscheidungen, Selbstdisziplin, Verfolgung langfristiger Ziele sowie der Vermeidung risikobehafteter und gefahrenträchtiger Aktivitäten. Eine mangelnde Impulskontrolle ist hier Ausdruck von Defiziten bei der kognitiven Steuerung und Bewertung des Verhaltens.

Costa & McCrae (1990) verbinden den Verlust von Impulskontrolle mit geringer Frustrationstoleranz. Neben den motivationalen und kognitiven Aspekten (Funder & Block, 1989) kommen hier emotionale Aspekte hinzu. Im NEO- FFI wird Impulsivität daher als Facette der Neurotizismus- Dimension angesehen, welcher auch Angst, wütende Feindseligkeit, Depression, Befangenheit und Vulnerabilität gegenüber Stress zugeordnet werden. Schalling, Asberg, Edman & Oreland entwickelten 1987 die Karolinska- Scale of Personality. Impulsivität wird hier als Ausdruck von Reizbarkeit und Aggression verstanden. Reizbare Menschen mit wenig Geduld haben hier außer auf der Reizbarkeitsskala auch hohe Werte auf der Aggressionsskala.

Die 1986 entwickelte Biosoziale- Theorie der Persönlichkeit von Cloninger ist der Versuch einer Zuordnung der Variationen des Neurotransmittersystems zu bestimmten Verhaltensweisen. So werden die Faktoren Novelty- seeking (Neuheitensuche) durch das dopaminerge „Belohnungssystem", Harm- avoidance (Schadensvermeidung) durch das serotonerge „Bestrafungssystem" und Reward- dependence (Belohnungsabhängigkeit) durch Noradrenalin, bezüglich konditionaler Reize von Belohnung und Bestrafung bestimmt. Die Neurotransmittersysteme finden Ausdruck in den Persönlichkeitseigenschaften einer Person und bestimmen deren Grad an Impulsivität. 1994 erweiterte er seine Theorie. Anhand des Temperament- Charakter- Inventar (TPI) lassen sich die spezifischen Persönlichkeitsmerkmale einer Person bestimmten Persönlichkeitsstörungen zuordnen (Cloninger, 1996). Das von Coccaro & Sievers (1995) entwickelte vierdimensionale psychobiologische Modell der Persönlichkeitsstörungen beschreibt Impulsivität und Aggressivität als Dimensionen „affektive Instabilität" und „kognitive Desorganisation", die durch die Dimensionen „Angst" und „Hemmung" ergänzt werden. Störungen innerhalb dieser vier Dimensionen werden ebenso auf Fehlfunktionen im Neurotransmittersystem zurückgeführt (vergleiche Cloninger, 1996). Impulsivität wird als Schwäche der Verhaltenshemmung verstanden und funktionell mit dem serotonergen System in Verbindung bebracht.

Über die pharmakologische Manipulation (Hemmung- bzw. Stimulation der Neurotransmitteraufnahme) des serotonergen Systems kam Soubrié (1986) zu dem Schluss, dass immer wenn eine Entscheidung zwischen „GO" und „NO-GO" zu treffen ist, dieses serotonerge System zum Einsatz kommt (zitiert nach Evenden, 1999). Soubrié fasste zusammen, dass die geringe Konzentration von Cerebrospinal 5-Hydroxyindoleaceticacid (5-HIAA; dem Hauptmetabolit von Serotonin) mit aggressiv- suizidalem Verhalten, Kriminalität, Obsessive-Compulsivem Verhalten und Substanzabhängigkeit (Alkoholismus) in Zusammenhang zu bringen ist. Allen Störungsbildern gemein sei der niedrige Level von 5-HIAA, welches für die Steuerung von Bewegungen und Impulsen genutzt wird. Stanley & Winchel (1992) wiesen wesentlich geringere Konzentrationen von 5- Hydroxyindolessigsäure im Liquor depressiver Suizidpatienten nach und bestätigen damit die Annahmen von Soubrié. Malone, Corbitt, Li & Mann (1996) differenzieren diesbezüglich zwischen geplantem und affektiv- impulsivem Suizidverhalten. Eine signifikant niedrigere 5-HIAA Funktion wurde bei vorausplanenden Suizidpatienten festgestellt. Auch Linnoila, Virkkunen, Scheinin, Nuutila & Rimon (1983) kommen zu dem Ergebnis, dass nur bei Personen mit impulsiv- affektiven Aggressionen mit einer Reduzierung von 5- HIAA zu rechnen ist. In weiteren Untersuchungen zur Abgrenzung von Impulsivität gegenüber Aggressivität bestätigten niedrige 5-HIAA Konzentrationen die Impulsivitätshypothese, während für die Aggressivität cerebrospinal- freie Testosteron- Konzentrationen als assoziiert gelten (Linnoila, Virkkunen, George & Higley, 1993).

2.2.3 Impulsivität und Antrieb

In der Motivationstheorie des Verhaltens von Gray (1982) werden drei biologisch begründete Verhaltenssysteme unterschieden:

- Das Verhaltenshemmungssystem (behavioral inhibition system), welches Reaktionen auf Reize die unbekannt sind oder Bestrafung oder Nichtbelohnung signalisieren organisiert.
- Das Verhaltensaktivierungssystem (behavioral activation system), welches Reaktionen auf konditionierte Reize die Belohnung oder Nichtbestrafung signalisieren organisiert. (Diese Verhaltensaktivierung entspricht auf emotionaler Ebe-

ne z.B. der Erleichterung, auf die impulsive Handlungen typischerweise abzielen.)

- Das Angriffs- / Fluchtsystem (fight/ flight system), welches die Reaktion auf unkonditionierte Gefahrenreize organisiert.

„Das Verhaltensaktivierungssystem führe zu Annäherungsverhalten; das Verhaltenshemmungssystem zu Verhaltenshemmung sowie Erhöhung der limbischen Erregung und Aufmerksamkeit; und das Angriff- / Fluchtsystem je nach Situation zu defensiver Aggression oder zu Flucht" (Asendorpf, 1999, S. 132).

Interindividuelle Unterschiede in der Wirksamkeit von Verhaltenshemmungssystem (Unbekanntheit, Strafe und Nichtbelohnung) und Verhaltensaktivierungssystem (Belohnung und Nichtbestrafung) bilden zwei orthogonale, unkorrelierte Dimensionen der Gehemmtheit und Aktiviertheit. Diese Dimensionen entsprächen den alltagspsychologischen Konzepten von Ängstlichkeit und Impulsivität. Gehemmtheit und Aktiviertheit umspannen dabei denselben zweidimensionalen Raum von Temperamentseigenschaften wie Eysencks Faktoren Extraversion und Neurotizismus, wobei sie aber um 45° rotiert sind. Damit ist Gehemmtheit durch hohe Werte in Neurotizismus und Introversion gekennzeichnet, Aktiviertheit hingegen durch hohe Werte in Extraversion und Neurotizismus (Gray, 1987). Asendorpf (1989) konnte anhand selbstberichteter Schüchternheit (Gehemmtheit) seiner Versuchspersonen diese Annahmen bestätigen. Er zeigte weiterhin, dass Unbekanntheit in sozialen Situationen (Unvertrautheit mit dem Interaktionspartner) und signalisierte Strafe oder Nichtbelohnung (Erwartung negativer oder unzureichend positiver sozialer Bewertung durch den Interaktionspartner) beide unabhängig voneinander situationabhängige Schüchternheit hervorrufen.

Barratt (1985) beschreibt Impulsivität als Disposition zu schnellen Reaktionen, Risikofreudigkeit, Handeln ohne nachzudenken und Unfähigkeit zur Planung. In der Barratt- Impulsiveness- Scale (BIS) wird Impulsivität in drei Aspekte untergliedert:

- motorische Impulsivität als überdauernde Neigung zu handeln ohne nachzudenken und mögliche Konsequenzen abzuwägen,
- kognitive Impulsivität im Sinne schneller Wahrnehmung und Entscheidungsbereitschaft und
- nichtplanende Impulsivität als Mangel zukunftsorientierter Problemlösefähigkeit.

Dabei werden motorische- und kognitive Impulsivität als Aspekte des biologisch veran-kerten Informationsverarbeitungsprozesses angesehen. Besonders der kognitiven Im-pulsivität ist dabei ein Mangel an detailgetreuer Aufmerksamkeit anzulasten. Demgegenüber ist die nichtplanende Impulsivität als Lebensstil bzw. Ausdruck sozialer Lernprozesse konzipiert. Hier werden Gegenwartsbezogenheit sowie mangelnde Zu-kunfts- als auch Vergangenheitsorientierung ausgedrückt. Der verkürzte zeitliche Hori-zont führt nach Herpertz & Saß (1997) zu einer Orientierung an kurzfristigen Zielen, wie es beispielsweise bei impulsiven devianten Verhalten beobachtet wurde.

2.2.4 Impulsivität und Kognition

Analog der Zweiteilung der Impulsivität auf Verhaltensebene werden für impulsive Per-sönlichkeiten auch typische kognitive Besonderheiten beschrieben. Dies sind ein hohes Arbeitstempo und ein Mangel an Kontrolle (Herpertz 2001).

Kognitive Impulsivität, wie sie von Kagan (1966) vertreten wird, differenziert da-bei zwischen Reflexivität und Impulsivität im Sinne kognitiver Arbeitsstile. Impulsivität äußere sich als rasche, jedoch unpräzise Informationsnutzung bei Wahrnehmungs- und Denkaufgaben, während Reflexivität als Ausdruck langsamer aber präziser Informati-onsverarbeitung und Kontrolle angesehen wird. Reflexivität bezeichnet somit einen analytischen Arbeitsstil, während Impulsivität als funktionaler Stil zu betrachten ist. Der von Kagan (1964) entwickelte Matching- Familiar- Figures- Test (MFFT) ist ein Messin-strument zur Differenzierung zwischen beiden kognitiven Stilen.

Auch Dickman (1990) sieht eine Verbindung zwischen Impulsivität und zugeteilter Aufmerksamkeit. Demnach achten impulsiv handelnde Menschen weniger auf den Ver-suchsaufbau einer Aufgabe. Zudem sind sie im Vorteil bei einfachen geschwindigkeits-abhängigen Reiz- Reaktions- Aufgaben, die einen schnellen Aufmerksamkeitswechsel erfordern. Insbesondere bei Aufgaben die einen systematischen, sequentiellen Ver-gleich von visuellen Details erfordern, wie z.B. im MFFT, erzielen impulsive Individuen schlechtere Ergebnisse. Dickman bezeichnet seine Dimensionen der Impulsivität mit Reflexion- Impulsivity, Disinhibition- Impulsivity und Attentional- Impulsivity.

White, Moffitt, Caspi, Bartusch, Needles & Stouthamer- Loeber (1994) konnten zeigen, dass impulsive Individuen bei wechselnden Aufgabenstellungen einmal einge-schlagene kognitive Prozesse schwerer hemmen können. Defizitäre kognitive Kontrollmechanismen dürften auch an der mangelnden Sorgfaltshaltung beteiligt sein, wie sie sich z.B. im MFFT abbilden lässt (Herpertz & Saß 1997). Diese Befunde unterstützen die Theorie der Kontrolle kognitiver Prozesse wie sie von Logan & Cowan (1984) vertreten wird. Eine adäquate Aufgabenlösung erfordert für die Autoren die unbedingte Fähigkeit laufende Gedanken stoppen zu können und sie gegebenenfalls durch neue Denk- und Lösungswege auszutauschen. Aus dem Zusammenhang von Impulsivität und mangelnder Fähigkeit zur Inhibition differenziert Harnishfeger (1995) in seinem Modell folgende Hemmfunktionen:

- Interferenzkontrolle als Unterdrückung eines konkurrenzfähigen Stimulus oder Antwortsets externaler oder internaler Art, der eine konkurrenzfähige motorische Antwort hervorruft,
- kognitive Inhibition als aktive Unterdrückung aufgabenirrelevanter Informationen aus dem Arbeitsgedächtnis,
- behaviorale Inhibition als Hemmung von dominanten, automatisierten Handlungen.

Stein, Hollander, Cohen, Frendkel, Saoud & DeCaria (1993) konnten zeigen, dass die Fehlerrate im MFFT mit leichteren neurologischen Auffälligkeiten (*neurological soft signs*) korrelierte. Insbesondere Störungen im frontalen Cortex könnten darin ihren Ausdruck finden, da dem präfrontalen Cortex exekutive d.h. selbststeuernde bzw. selbstkontrollierende Aufgaben zugewiesen werden und sich Verletzungen in diesen Gehirnarealen in einem ungehemmten, unberechenbaren Verhaltensstil äußern können.

Die Erkenntnisse zur kognitiven Impulsivität differenzieren allerdings. So korrelierten die Ergebnisse des Matching Familiar Figure Test (MFFT), welcher den kognitiven Stil eines Menschen messen soll, nicht mit der Skala der kognitiven Impulsivität der Barratt Impulsiveness Scale (Gerbing, Ahadi, Patton, 1987). Zudem konnten Sonuga- Barke, Houlberg & Hall (1994) zeigen, dass hyperaktive Kinder nicht nur im klassischen MFFT schlechter abschnitten als die Kontrollkinder, sondern auch dann, wenn die Untersuchungsdauer festgeschrieben wurde, d.h. eine schnelle Aufgabenlösung nicht das belohnende Untersuchungsende zur Folge hatte.

Die Fehlerrate blieb bei den hyperaktiven Kindern signifikant höher, obwohl die mittlere Antwortzeit sich nicht mehr von derjenigen der Kontrollkinder unterschied. Tiedemann (1983) führt die Differenzen zwischen Reflexivität und Impulsivität im MFFT auf Unterschiede in der Informationsverarbeitung zurück. Durch Kontrolle der Augenbewegung während des Problemlösevorganges war festzustellen, dass die reflexiven Personen mehr Informationen über die Reizvorlage sammeln, d.h. schnellere und häufigere Augenbewegungen bei systematischem Fixieren von Vergleichsreizen und dem Standard zeigen und somit zu einer höheren Zahl von Vergleichen gelangen. Grimm & Meyer (1976) bemerken, dass mit zunehmender Aufgabenschwierigkeit nur bei den Impulsiven die Reaktionszeiten relativ gleich blieben, was notwendigerweise zu höheren Fehlerraten führen musste. Bei leichten Aufgaben hingegen, waren zwischen reflexiven und impulsiven Personen keine wesentlichen Unterschiede in den Fehlerhäufigkeiten zu beobachten.

Norra, Mrazek, Tuchtenhagen, Gobbelé, Saß & Herpertz (2000; zitiert nach Herpertz, 2001) verweisen auf die neurobiologischen Korrelate zwischen Reizintensität in optischen und akustischen Tests und cerebraler Aktivitätsveränderung. Die mit einer Erhöhung der Reizintensität einhergehende cerebrale Aktivitätszunahme, wird als Ausdruck mangelnder Regulierungsfähigkeit neuronaler Aktivität und damit verbundener sensorischer Überstimulation, angesehen.

Swann, Bjork, Moeller & Dougherty (2002) untersuchten den Zusammenhang von neurobiologischer Impulsivitätsmessung und der Impulsivität als Persönlichkeitsmerkmal. Die neurobiologische Impulsivitätsmessung erfolgte nach dem Reward Discounting Model (bezeichnet die Reward Delay Impulsivity) welches die Unfähigkeit auf eine größere Belohnung zu warten beschreibt und dem Rapid Response Model, welches sich durch Antwortreaktionen ohne zugehörigen Kontext auszeichnet. Als vergleichendes Persönlichkeitsinventar wurde die Barratt Impulsiveness Scale (BIS) herangezogen. Dabei wiesen Personen mit Achse- I und Achse- II Störungen gegenüber der Kontrollgruppe signifikant höhere Werte in der Rapid Response Impulsivity, jedoch nicht in der Reward Delay Impulsivity auf. Beide Skalen korrelierten signifikant mit der BIS und unterstützen die Annahme der Impulsivität als charakteristisches Persönlichkeitsmerkmal.

2.2.5 Impulsivität und Affektregulation

Eine dritte wichtige Funktionsebene neben impulsivem Antrieb und kognitiven Stil ist die emotional- affektive Reagibilität (Herpertz & Saß, 1997). Hier wird davon ausgegangen, dass positive oder negative Gefühle (Emotionen) nicht als autonome Prozesse anzusehen sind, sondern als Ergebnis von Kognition, Bewertung, Erfahrung und Persönlichkeit des Einzelnen. Dabei beeinflussen diese Faktoren nicht nur die Qualität der Emotionen, sondern auch die Stärke der affektiven Antwort auf relevante Reize. Diese Affektregulation wird in der Kognitionstheorie zum Teil synonym als Impulskontrolle bezeichnet. Das kognitive Kontrollsystem verhilft dem Handelnden zur Entwicklung von Handlungsplänen und zur Überwachung ablaufender Handlungen, während das emotionale Kontrollsystem eher über die Richtung und die Art kognitiver Kontrollsysteme entscheidet (Herpertz & Saß, 1997).

2.2.6 Zusammenfassendes Modell der Impulsivität

Das Konstrukt der Impulsivität umfasst zwei in ständiger Wechselwirkung stehende Dimensionen, den impulsiven Antrieb und die Impulskontrolle. In nachfolgende Abbildung 1 werden die verschiedenen Funktionsebenen in der Manifestation impulsiven Verhaltens dargestellt.

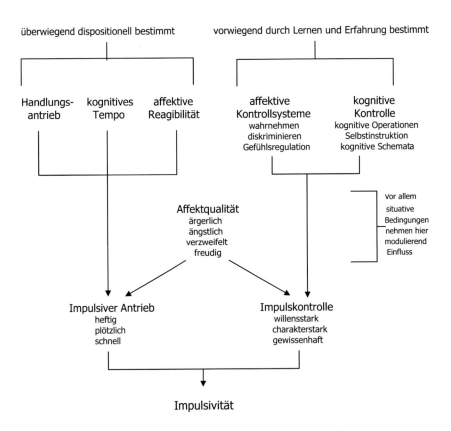

Abbildung 1: Ein Modell der Impulsivität (nach Herpertz 1997)

Der impulsive Antrieb ist dabei eine eng mit dem Temperament eines Individuums verbundene Eigenschaft und steht in enger Wechselbeziehung mit emotionalen und kognitiven Hemmungs- und Kontrollmechanismen, die als Impulskontrolle bezeichnet werden. Deren Funktion entscheidet darüber, ob ein impulsiver Antrieb als real- impulsive Handlung zum Durchbruch kommt oder psychisch abgefangen und bewältigt wird. Dabei interagieren die emotionalen und kognitiven Regulationsprozesse so, dass in einer bestimmten Situation im Sinne der Selbstregulation bestimmte Affekte bevorzugt wahrgenommen oder unterdrückt werden. Aber auch die kognitive Interpretation emotionaler Stimuli wird mit darüber entscheiden wie intensiv emotionale Reaktionen ausfallen. Dabei findet ein Wechselspiel zwischen Kontrollinstanz und Antriebsbereich auf emotional- affektiver Ebene statt. Ein aufschießender Ärgeraffekt kann so bei unzureichender Impulskontrolle aggressive Handlungsantriebe begünstigen. Ein ängstlicher Affekt führt dagegen zu Vermeidungsverhalten (Herpertz & Saß, 1997).

2.3 Obsessive- Compulsive- Spectrum Disorders

Dem Modell der Zwangs- Spektrums- Störungen (Obsessive- Compulsive- Spectrum Disorders) von Hollander & Wong (1995) geht die Beobachtung voraus, dass sich verschiedene Störungsbilder hinsichtlich Phänomenologie, Komorbidität, Familiengeschichte, klinischem Verlauf und Reaktionen auf anti-obsessionale Verhaltenstherapie wie auch Medikation ähneln. Im Mittelpunkt der Obsessive- Compulsive- Spectrum Disorders (OCSD) steht dabei die Zwangsstörung (OCD). Allen Störungsbildern gemein ist dabei die Unfähigkeit repetitive Gedanken und/ oder Verhaltensweisen zu hemmen oder zu verzögern. Eine schematische Übersicht der in das Modell integrierten Störungsbilder zeigt Abbildung 2.

Das Obsessive- Compulsive Spectrum Disorders (OCSD)- Modell integriert verschiedene psychiatrische Kategorien wie Körperdysmorphe Störungen und Hypochondrie aus den Somatoformen Störungen; Depersonalisationsstörung aus den Dissoziativen Störungen; Anorexia nervosa und Binge- eating aus dem Bereich der Essstörungen; Wahnhafte- und Schizotypische Zwangsstörungen sowie die Katatone Schizophrenie als Vertreter der Schizo- Obsessiven Störungen; das Tourette- Syndrom als Tic- Störung; Chorea Sydenham, Epilepsie, Chorea Huntington und Schiefhals (Torticollis Spasmaticus) als Basalganglien- Störungen (in Abbildung 2 nicht explizit unterteilt); Autismus und pervasive Entwicklungsstörungen als neurologische Störungen; Trichotillomanie, Pathologisches Spielen, Sexuelle Zwänge, Selbstverletzendes Verhalten und Kaufsucht als Impulskontroll- Störungen sowie die Borderline- und Antisoziale Persönlichkeitsstörung aus der Kategorie der Impulsiven Persönlichkeitsstörungen (Hollander & Wong 1995).

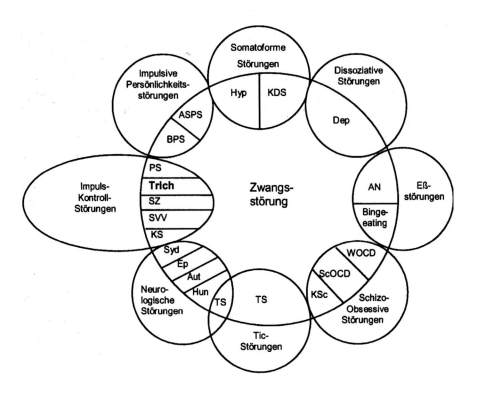

Abbildung 2: Zwangsspektrumsstörungen (OCSD), Hollander & Wong (1995)

Legende: AN= Anorexia nervosa; ASPS= Antisoziale Persönlichkeitsstörung; Aut= Autismus; BPS= Borderline Persönlichkeitsstörung; Dep= Depersonalisationsstörung; Ep= Epilepsie; Hun= Huntington (Chorea); Hyp= Hypochondrie; KDS= Körperdysmorphe Störung; KSc= Katatone Schizophrenie; KS= Kaufsucht; PS= Pathologisches Spielen; ScOCD= Schizotypische Zwangsstörung; SVV= Selbstverletzendes Verhalten; Syd= Sydenham (Chorea); SZ= Sexuelle Zwänge; Trich= Trichotillomanie; TS= Tourette –Störung; WOCD= Wahnhafte Zwangsstörung

Sowohl McElroy, Phillips & Keck (1994) als auch Stein (2000) fassen in ihren Übersichtsartikeln verschiedene empirische Befunde bezüglich der Zusammenhänge zwischen OCD und OCSD zusammen. Die Ergebnisse sind in Tabelle 8 nach dem Grad der Übereinstimmung dargestellt.

Tabelle 8: *Höhe der Übereinstimmung zwischen Zwangsstörung (OCD) und mutmaßlichen Zwangsspektrumsstörungen (nach McElroy et al., 1994 und Stein, 2000; geänderte Darstellung)*

Störungsbild:	Phäno.	Ge.	Lauf	Kbd. zu OCD	Kbd. zu affektiven PS	familiäre Vorbelastung	Bdlg.	CMI > DMI	Basalganglien beteiligt
Körperdysmorphe S.	+++	++++	+++	+++	+++	++	+++	+	?
Hypochondrie	+++	++		+++	+++	?	++	?	?
Anorexia nervosa	+++	0	++	+++	+++	++	++	?	?
Bulimia nervosa	++	0	++	++	+++	++	++	?	?
Binge- eating	++	++	++	?	++	?	++	?	?
Wahnhafte Störungen	++	+	++	++	+	+	+	?	?
Kleptomanie	++	0	+	++	+++	+++	+	?	?
Patholog. Spielen	++	0	+	+	+++	++	+	?	?
Pyromanie	++	0	?	?	?	++	?	?	?
Trichotillomanie	++	0	?	?	+++	+++	++	++	+
Fingernägelknabbern	?	?	?	?	?	?	?	++	?
Paraphilien	++	0	++	?	+	+	++	?	?
Sexuelle Zwänge	++	0	++	?	++	?	+	0	?
Tourette- Störung	+++	0	++	+++	++	+++	+	?	++
Autismus	?	?	?	?	?	?	?	++	?

Legende: a) Bdlg.= Behandlungserfolg; CMI= Clomipramin; DMI= Desipramin; Ge= Geschlecht; Kbd.= Komorbidität; Phäno.= Phänomenologie; S= Störungen;

b) +++ = starke Übereinstimmung; ++ = moderate Übereinstimmung; + = geringe Übereinstimmung; 0 = keine oder nur minimale Übereinstimmung; ? = inkonsistente oder ungenügende Daten

Neustrukturierungen in solchem Umfang werden von vielen Autoren mit Skepsis betrachtet. Stanley & Cohen (1999) kritisieren das neben dem Postulat von Gemeinsamkeiten auch klare Trennlinien aufgezeigt werden müssen. Dies spiegelte sich darin wieder, dass je nach Meinung der jeweiligen Autoren dem Spektrum unterschiedliche Störungsbilder zugeordnet werden (Ravindran, 1999). Diese Tatsache wiederum impliziert die Tendenz zu viele Störungen integrieren zu wollen (Hollander & Wong, 1995) und diesbezüglich den Verlust der Heterogenität der verschiedenen Störungsbilder in Kauf zu nehmen (Stein, 2000).

Hollander & Wong (1995) schlagen deshalb vor die OCSD zur weiteren Differenzierung auf einem eindimensionalen Kontinuum mit den Polen Compulsive (zwanghaft- risiko-vermeidend) und Impulsive (impulsiv- risikosuchend) anzuordnen. Der „Driving locus of action" (Hollander & Wong 1995, S. 4) soll dabei verdeutlichen, dass beiden Endpolen verschiedene Triebkräfte der Verhaltenssteuerung zugeordnet werden. Compulsives Verhalten dient dabei der Verminderung von Unbehagen bei ritualassoziierten Hand-lungen, während impulsives Verhalten der Maximierung von Vergnügen dient. Aigner, Bach & Lenz (1998) verbinden das lustvolle Ausleben andrängender Impulse mit einer risikofreudigen Grundhaltung. Bei einer auf Sicherheit bedachten Grundhaltung werden andrängende Impulse hingegen mit Unbehagen registriert und stellvertretend über Zwangshandlungen einer Spannungsreduktion zugeführt.

Für Cloninger (1996) lassen sich allen Störungsbildern spezielle Persönlichkeits-merkmale zuordnen, die als Ausdruck eines Verhaltenshemmungs- bzw. Aktivierungs-systems anzusehen sind. Personen mit impulsiven Störungsbildern (z.B. Borderline Per-sönlichkeitsstörung) zeigen „high novelty seeking" (hohes Neugierverhalten), „low harm avoidance" (geringe Motivation Schaden zu vermeiden), „low persistence" (ge-ringes Beharrungsvermögen) und „low reward dependence" (geringe Belohnungsab-hängigkeit zur Aufrechterhaltung von Verhalten). Zwanghaftes Verhalten wird hingegen mit „low novelty seeking", „high harm avoidance", „high persistence" und „high reward dependence" assoziiert. Neurobiologisch betrachtet ist bei den compulsiven Störungs-bildern mit einem Anstieg der Frontallappenaktivität (Hypermetabolismus) sowie der Sensitivität für selektive Serotonin- Wiederaufnahme- Hemmer (SSRI) zu rechnen. Bei impulsiven Störungsbildern kommt es hingegen zu einer Abnahme der Frontallappen-aktivität (Hypometabolismus) sowie der präsynaptischen Serotoninfunktion (Hollander, 1995; Hollander & Rosen, 2000; Stein, 2000). Nachfolgende Abbildung 3 zeigt das ein-dimensionale Kontinuum mit den Polen compulsiv vs. impulsiv von Hollander & Wong (1995).

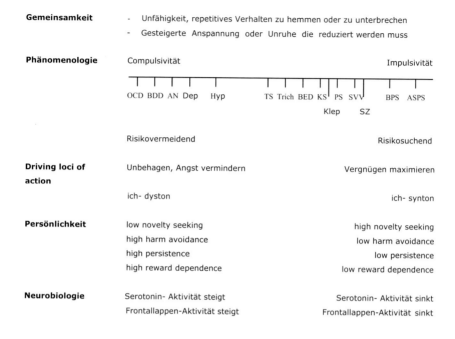

Gemeinsamkeit	- Unfähigkeit, repetitives Verhalten zu hemmen oder zu unterbrechen - Gesteigerte Anspannung oder Unruhe die reduziert werden muss

Phänomenologie	Compulsivität	Impulsivität

	OCD BDD AN Dep Hyp	TS Trich BED KS PS SVV BPS ASPS
		Klep SZ

	Risikovermeidend	Risikosuchend

Driving loci of action	Unbehagen, Angst vermindern	Vergnügen maximieren
	ich- dyston	ich- synton

Persönlichkeit	low novelty seeking high harm avoidance high persistence high reward dependence	high novelty seeking low harm avoidance low persistence low reward dependence

Neurobiologie	Serotonin- Aktivität steigt Frontallappen-Aktivität steigt	Serotonin- Aktivität sinkt Frontallappen-Aktivität sinkt

Abbildung 3: Eindimensionales Kontinuum der Zwangsspektrumsstörungen (nach Hollander & Wong, 1995; abgeänderte Darstellung)

Legende: AN= Anorexia nervosa; ASPS= Antisoziale Persönlichkeitsstörung; BDD= Körperdysmorphe Störung; BED= Binge-eating-Störung; BPS= Borderline Persönlichkeitsstörung; Dep= Derpersonalisationsstörung; Hyp= Hypochondrie; Klep= Kleptomanie; KS= Kaufsucht; OCD= Zwangsstörung; PS= Pathologisches Spielen; SZ= Sexuelle Zwänge; SVV= Selbstverletzendes Verhalten; Trich= Trichotillomanie; TS= Tourette- Störung

Untersucht man das Verhältnis von Impulsivität und Zwanghaftigkeit innerhalb der postulierten Störungsbilder, werden schnell die Grenzen eines solchen eindimensionalen Kontinuums klar. Bei fast allen Störungsbildern können sowohl compulsive wie auch impulsive Aspekte beobachtet werden (Hollander & Rosen, 2000). Sogar innerhalb der Obsessive- Compulsive Disorders (Zwangsstörungen) ist mit impulsiv- aggressiven Anteilen in der Handlungsausführung zu rechnen (Stein, 2000). Auch bei Spielsucht, Kleptomanie, zwanghafter Persönlichkeitsstörung und Trichotillomanie (Stein, 2000) sind sowohl compulsive als auch impulsive Verhaltensauslösung zu beobachten.

Baer (1994) fand bei den Zwangsuntergruppen „Kontaminierungsängste und Putzen"
sowie „Symmetrie und Horten" Korrelationen zu Tic- Störungen denen hohe impulsive
Anteile zugesprochen werden. So erscheint die Einteilung zwischen den Polen compulsiv vs. impulsiv als viel zu simpel, da schon innerhalb der einzelnen Zwangsuntergruppen mit den unterschiedlichen Anteilen beider „Pole" zu rechnen ist.

Stein (2000) regt daher an ein multiples Modell der OCSD zu entwickeln. Neue
Forschungen sollten auf den Bereich der Basalganglien ausgedehnt werden. Stanley &
Cohen (1999) bemerken dazu, dass auch andere Differenzierungen z.B. nach dem Verhalten (Habit- Spectrum Disorders) oder der Impulsivität (Impulse Disorders) denkbar
wären.

2.3.1 Vergleich von Trichotillomanie (TTM) und Zwangsstörungen (OCD)

In nachfolgender Tabelle 9 werden noch einmal die Gemeinsamkeiten und Unterschiede aus den vorangegangenen theoretischen Betrachtungen zur Trichotillomanie (TTM)
bezüglich der Abgrenzung zu den Zwangsstörungen (OCD) zusammengefasst. Grundlage für die Diskussion der Zuordnung der Trichotillomanie zum Modell der Obsessive-
Compulsive Spectrum Disorders, bilden die Übereinstimmungen beider Störungsbilder
bezüglich Phänomenologie, Epidemiologie und Neurobiologie.

Tabelle 9: *Überblick der Gemeinsamkeiten und Unterschiede zwischen OCD und TTM (Skodol & Oldham, 1996; Stanley & Cohen, 1999)*

	Gemeinsamkeiten	Unterschiede
	Phänomenologie	
Verhalten	Wiederholtes Ausführen unangepasster motorischer Verhaltensweisen mit nur bedingter Kontrolle.	Haareausreißen geschieht meistens heimlich in Abgeschiedenheit. Zwanghafte Rituale werden sowohl heimlich, als auch in Anwesenheit anderer durchgeführt. Haareausreißen findet meistens bei Aktivitäten ohne viel Bewegung statt und ist mit Vergnügen assoziiert. Zwangshandlungen finden in vielen verschiedenen Situationen statt und sind oft mit Befürchtungen verbunden.
Kognition	Bei einem Teil der TTM- Patienten treten verstärkt Zwangsgedanken als Reißintension auf, wie sie bei OCD immer zu beobachten sind	Zwangsgedanken sind ein charakteristisches Merkmal der OCD. Das Verhalten ist zielbewusst, wird aber als sinnlos erlebt. TTM wird nicht generell mit Zwangsgedanken assoziiert und ist oft unbewusstes Verhalten. Handlungen werden oft rational begründet.
Affekt	TTM und OCD können Angst reduzieren.	Affektive Zustände z.B. Wut, Langeweile, oder Traurigkeit können TTM initiieren. Affektive Zustände sind nicht charakteristisch für OCD.
	Epidemiologie	
Demographie	Durchschnittsalter mit Beginn der Störung bei Männern niedriger als bei Frauen.	Durchschnittsalter mit Beginn der Störung bei TTM niedriger als bei OCD. TTM kann schon im Kindesalter auftreten.
	Beide Geschlechter betroffen.	TTM hoher Frauenanteil (bis 90%); bei OCD Gleichverteilung zw. den Geschlechtern.
Familiäre Vorbelastung	Höhere familiäre Vorbelastung in beiden Gruppen.	OCD Raten sind höher in Familien mit OCD- Patienten als in Familien mit TTM- Patienten.
Komorbidität	Beide Gruppen sind mit erhöhten Raten von Angst- und affektiven Störungen assoziiert.	Messungen von Ängsten und Depressionen bei TTM niedriger als bei OCD.

Gemeinsamkeiten		Unterschiede
Neurobiologie		
Neuro-chemische Untersuchung	Ungleichgewicht im serotonergen Transmittersystem.	Durch serotoninerges Ungleichgewicht werden TTM- Patienten euphorisch; OCD- Patienten hingegen dysphorisch.
Neuropsycho-logische Untersuchung	Bei beiden lassen sich Anomalien der Basalganglien und des Frontallappens feststellen.	Differenzierungen sind noch ungenügend nachgewiesen.
Behandlung/ Medikation		
Pharmako-therapie	Clomipramin ist bei beiden effektiver als Desipramin.	Fluoxetin ist für OCD effektiv, nicht aber bei TTM. Anhaltende serotoninerge Behandlung verliert bei TTM die Effektivität. Stimmungsstabilisierende Substanzen sind bei TTM effektiv, nicht aber bei OCD.
Verhaltens-therapie (VT)	Für beide Gruppen wirkungsvoll einsetzbar.	Die favorisierten Arten der VT sind unterschiedlich. Für TTM besser HRT (Habit Reversal Training) und CVT (Cognitive Verhaltenstherapie), hingegen für OCD Reizkonfrontation mit Reaktionsverhinderung.

Betrachtet man sich Gemeinsamkeiten und Unterschiede folgt daraus nicht zwingend eine Zuordnung der TTM in das Modell der OCSD. Stanley & Cohen (1999) sehen eher die hohe Komorbidität beider Krankheitsbilder zu den Angst- und Affektiven Störungen als gemeinsamen Klassifikationsfaktor.

Tükel, Keser & Karali (2001) verglichen TTM- Patienten und OCD- Patienten mittels Y- BOCS (Zwangsinventar) und Y-BOCSTM (Zwangsinventar für Trichotillomanie welches an den Y- BOCS angeglichen wurde) bezüglich ihrer Zwanghaftigkeit. Dabei zeigten sich signifikante Unterschiede zwischen beiden Gruppen. Dieses Ergebnis gibt einen weiteren Hinweis, dass sich die Trichotillomanie nicht besser als zwanghafte Störung beschreiben lässt. Die oben genannte Modellzugehörigkeit wird angezweifelt.

3   Fragestellungen

Die im theoretischen Teil diskutierten Erkenntnisse zur Klassifikation der Trichotilloma-nie in das Modell der Zwangsspektrumsstörungen (OCSD) offenbaren den diesbezügli-chen Bedarf an weiterführender Forschung. Auf dem Hintergrund des eindimensionalen Kontinuums der OCSD interessiert besonders das Verhältnis von Zwanghaftigkeit und Impulsivität. Beide Konstrukte sollten mit dem Schweregrad der Trichotillomanie inter-agieren sich selbst aber weitestgehend antagonistisch verhalten. Auch andere Kon-strukte scheinen geeignet, das Ausmaß der Impulsivität wiederzuspiegeln. So könnten sich die Probanden in ihrer Problemlösefähigkeit (kognitiver Arbeitsstil) oder ihren Aufmerksamkeitsleistungen unterscheiden.   Daraus abgeleitet sind nachfolgende Fra-gestellungen:

1) Lassen sich Trichotillomanie- Betroffene und klinisch unauffällige Personen anhand ihrer Impulsivitätswerte unterscheiden?

2) Gibt es einen Zusammenhang zwischen dem Schweregrad der Trichotillomanie und der Impulsivität?

3) Lassen sich Trichotillomanie- Betroffene und klinisch unauffällige Personen anhand ihrer Zwanghaftigkeit unterscheiden?

4) Gibt es einen Zusammenhang zwischen dem Schweregrad der Trichotillomanie und der Höhe der Zwanghaftigkeit?

5) Unterscheiden sich Trichotillomanie- Betroffene und klinisch unauffällige Personen in ihrem kognitiven Arbeitsstil?

6) Unterscheiden sich Trichotillomanie- Betroffene und klinisch unauffällige Personen in ihren Aufmerksamkeitsleistungen?

7) Gibt es ein Zusammenhang zwischen den Konstrukten Impulsivität, kognitiver Ar-beitsstil, Zwanghaftigkeit und Aufmerksamkeit?

4   Methoden

4.1   Auswahl der Stichproben

In vorliegender Untersuchung wird eine Gruppe von Trichotillomanie- Betroffener mit einer Gruppe klinisch unauffällige Kontrollpersonen verglichen. Um die Klientel zu erreichen wurden bundesweit Trichotillomanie- Selbsthilfegruppen kontaktiert und um Mitarbeit gebeten. Auch in den entsprechenden Foren der Internetseiten zur Trichotillomanie wurden Anfragen um Mithilfe eingebracht. Die Anzahl der Gruppenmitglieder in den Selbsthilfegruppen Hamburg, Dortmund, Limburg, Heidelberg, Köln, Frankfurt und München schwankten zwischen drei und zwölf. Die Testungen selbst fanden, bis auf zwei Ausnahmen, in öffentlichen Vereinsräumen statt und in jedem Fall in den Abendstunden zwischen 18.00- und 22.00 Uhr. An 25 Betroffene wurde im Vorfeld praktischen Untersuchung der Fragebogen zum theoretischen Teil (aus zeitlich- organisatorischen Gründen) per Post oder e- Mail verschickt. Nur drei Trichotillomanie- Betroffene wurden in Einzelsitzungen getestet.

In der Kontrollgruppe erfolgte die Testung überwiegend an Einzelpersonen, höchstens aber an zwei Personen gleichzeitig. Die Auswahl der Vergleichsstichprobe erfolgte unter Beachtung der Parallelisierungskriterien Geschlecht und Alter. Auch hier erfolgte wie bei der TTM- Gruppe die Auswertung der Fragebögen erst nach abgeschlossener Gesamttestung. Das Ausschlusskriterien Depressivität konnte so erst im Nachhinein berücksichtigt werden (siehe Beschreibung der Stichprobe, Kap. 4.2).

4.2   Beschreibung der Stichproben

Insgesamt wurden Daten von 57 Personen mit der Diagnose der Trichotillomanie und von 50 klinisch unauffälligen Kontrollpersonen erhoben. Grundvoraussetzung für die Zugehörigkeit zur Kontrollgruppe war das Fehlen der Kriterien der Trichotillomanie nach DSM- IV (American Psychiatric Association, 1994).

Da durch depressive Symptome eine Suppression der Impulsivität zu erwarten ist (Herpertz, 2001), wurden diese als Ausschlusskriterium kontrolliert. Dadurch reduzierte sich die Anzahl der Personen in der TTM- Gruppe um 44% auf N= 32, da 20 Personen (35%) milde bis mäßige- und sieben Personen (9%) klinische Symptome einer Depression nach BDI (Hautzinger, Bailer, Worrall & Keller, 1995) aufwiesen. In der Kontrollgruppe zeigte eine Person (2%) milde bis mäßige- und zwei Personen (4%) klinische Symptome einer Depression. Diese drei Personen wurden selektiert, bevor aus methodischen Gründen die Anzahl der Personen in der Kontrollgruppe per Zufallssystem (Lose mit den Codenummern der Probanden) ebenfalls auf N= 32 reduziert wurde. Die Trichotillomanie- Gruppe besteht nunmehr aus 28 Frauen (87,5%) und vier Männern (12,5%). Die Kontrollgruppe hat einem Anteil von 29 Frauen (90,6%) und drei Männern (9,4%). Ein Chi^2- Test ergab keine signifikanten Unterschiede in der Geschlechterverteilung beider Gruppen (p= .689).

4.2.1   Altersstruktur

Das Durchschnittsalter der Trichotillomanie (TTM)- Gruppe liegt bei 30,69 Jahren und das der klinisch unauffälligen Kontrollgruppe bei 29,25 Jahren. Im T- Test unterscheiden sich beide Gruppen nicht signifikant voneinander (p= .434). Tabelle 10 bietet eine Zusammenfassung der deskriptiven Kriterien.

Tabelle 10: *deskriptive Darstellung der Gruppenstrukturen*

Gruppe	N	M	SD	Min.	Max.	Range
TTM	32	30,69	7,63	20	46	26
Kontrollgruppe	32	29,25	6,96	18	46	28

Legende: M= Mittelwerte; Min.= kleinstes Alter; Max.= größtes Alter; N= Anzahl der Personen; SD= Standartabweichungen

4.2.2   Alter bei Störungsbeginn/ Dauer der Erkrankung

Das durchschnittliche Alter bei Erstmanifestation von TTM- Symptomen beträgt in vorliegender Gruppe 13,1 Jahre. Das früheste Auftreten der Symptome wurde mit zwei Jahren registriert, das späteste Auftreten mit 30 Jahren. Die durchschnittliche Erkrankungsdauer vom Zeitpunkt des ersten Auftretens bis zum Zeitpunkt der Datenerhebung beträgt ohne die Berücksichtigung symptomfreier Zeiten 17,52 Jahre. Tabelle 11 fasst beide Ergebnisse noch einmal zusammen (abzüglich 1 x Missing data).

Tabelle 11: *mittleres Alter bei Erkrankungsbeginn- und durchschnittliche Erkrankungsdauer*

	N	M	SD	Min.	Max.	Range
Alter bei Beginn	31	13,10	5,15	2	30	28
Erkrankungsdauer	31	17,52	8,30	5	36	31

Legende: M= Mittelwerte; Min.= kleinstes Alter; Max.= größtes Alter; N= Anzahl der Personen; SD= Standartabweichungen

4.2.3   Familienstand

Von den Personen der TTM- Gruppe waren zum Zeitpunkt der Befragung 11 ledig ohne Partner (34%), 14 ledig mit Partner (44%) und sieben verheiratet (22%). In der Kontrollgruppe waren 16 Personen ledig ohne Partner (50%), 14 ledig mit Partner (43,8%) und zwei verheiratet (6,2%). Im Anschluss Tabelle 12 mit einer Übersicht.

Tabelle 12: *Familienstand in beiden Gruppen zum Zeitpunkt der Befragung*

8 Familienstand	Trichotillomanie- Gruppe		Kontrollgruppe	
	n	%	n	%
Ledig ohne Partner	11	34	16	50
Ledig mit Partner	14	44	14	43,8
Verheiratet	7	22	2	6,2
Gesamt	32	100	32	100

Legende: n= Anzahl der Personen; %= Prozentangabe

4.2.4   Anzahl der Kinder

In der Trichotillomanie- Gruppe gibt es vier Personen (12,5%) mit je zwei Kindern und vier Personen (12,5%) mit je einem Kind. In der Kontrollgruppe gibt es dagegen nur zwei Personen (6,25%) mit je zwei Kindern und sechs Personen (18,75%) mit je einem Kind.

4.2.5   Schulabschluss

In beiden Gruppen wurden Daten über das Bildungsniveau erhoben. In der TTM-Gruppe erreichten 22 Personen (68,8%) das Abitur, eine Person (3,1%) den erweiterten Realschulabschluss, acht Personen (25%) den Realschulabschluss und eine Person (3,1%) den Hauptschulabschluss. In der Kontrollgruppe erlangten 31 Personen (96,9%) das Abitur und eine Person (3,1%) den Realschulabschluss (Tabelle 13).

Tabelle 13: *Schulbildung der Untersuchungsteilnehmer beider Gruppen*

Schulabschluss	Trichotillomanie- Gruppe		Kontrollgruppe	
	n	%	n	%
Ohne Abschluss	0	0	0	0
Hauptschule	1	3,1	0	0
Realschule	8	25	1	3,1
Erweiterte Realschule	1	3,1	0	0
Abitur	22	68,8	31	96,9
Gesamt	32	100	32	100

Legende: n= Anzahl der Personen; %= Prozentangabe

4.2.6   Berufsgruppen

Erfragt wurden sowohl der erlernte Beruf (Tabelle 14), als auch der ausgeübte Beruf (Tabelle 15).

Tabelle 14: *Darstellung der Häufigkeiten erlernter Berufsgruppen*

Erlernter Beruf	Trichotillomanie- Gruppe		Kontrollgruppe	
	n	%	n	%
Keine Angabe	0	0	1	3,1
Ohne	4	12,5	11	34,4
Hilfsarbeiter	0	0	1	3,1
Facharbeiter	21	65,6	14	43,8
Akademiker	7	21,9	5	15,6
Gesamt	32	100	32	100

Legende: n= Anzahl der Personen; %= Prozentangabe

In der Trichotillomanie- Gruppe waren zum Zeitpunkt der Befragung vier Personen (12,5%) ohne Berufsausbildung, 21 Personen (65,6%) mit eine Fachausbildung und sieben Personen (21,9%) mit einem akademischen Abschluss. In der Kontrollgruppe verfügten 11 Personen (34,4%) über keine Berufsausbildung, eine Person (3,1%) über einen Hilfsarbeiterabschluss, 14 Personen (43,8%) über eine Fachausbildung und fünf Personen (15,6%) über einen akademischen Abschluss. Eine Person (3,1%) machte keine Angaben über ihren erlernten Beruf.

Tabelle 15: *Häufigkeiten ausgeübter Berufsgruppen*

Ausgeübter Beruf	Trichotillomanie- Gruppe		Kontrollgruppe	
	n	%	n	%
Keine Angabe	0	0	1	3,1
Ohne (Arbeitslos)	4	12,5	1	3,1
Student/ Azubi	5	15,6	24	75,1
Hilfsarbeiter	0	0	0	0
Facharbeiter	5	15,6	0	0
Meister	2	6,25	0	0
Angestellte	8	25	5	15,6
Akademiker	6	18,8	0	0
Freiberufler	2	6,25	1	3,1
Gesamt	32	100	32	100

Legende: n= Anzahl der Personen; %= Prozentangabe

In der TTM- Gruppe waren zum Zeitpunkt der Befragung vier Personen (12,5%) ohne Arbeit, fünf Studierende/ Auszubildende (15,6%), fünf Facharbeiter (15,6%), zwei Meister (6,25%), acht Angestellte (25%), sechs Akademiker (18,8%) und zwei Frei-berufler (6,25%). In der Kontrollgruppe waren eine Person (3,1%) ohne Arbeit, 24 Studierende/ Auszubildende (75,1%), fünf Angestellte (15,6%) und eine Person (3,1%) freiberuflich tätig. Eine Person (3,1%) machte auch hier keine Angaben.

4.3 Operationalisierung

4.3.1 Unabhängige Variablen

Die Erhebung der unabhängigen Variablen - Gruppenzugehörigkeit - erfolgte über die DSM- IV- Kriterien der Impulskontrollstörung 312.39 – Trichotillomanie (American Psychiatric Association, 1994).

Die zweite unabhängige Variable - Schweregrad der Trichotillomanie - wurde über die Psychiatric Institute Trichotillomania Scale (PITS; Winchel, Jones, Molcho, Stanley & Stanley, 1992b) erfasst. Einbezogen wurde hier nur die Gruppe der Trichotillomanie- Betroffenen.

4.3.1.1 DSM- IV Diagnosekriterien

Die im DSM- IV für die Definition einer Trichotillomanie relevanten Kriterien wurden zu Fragen umformuliert und störungsspezifisch erweitert. Dabei wurde das Kriterium B (Zunehmendes Spannungsgefühl vor der Handlung bzw. beim Versuch der Handlung des Haareausreißens zu widerstehen) in zwei Items aufgesplittet. Das Kriterium E (Soziale und berufliche Beeinträchtigung) wurde nicht berücksichtigt. Anhand der vorliegenden Kriterien sollte ausgeschlossen werden, dass auch Personen aus der Kontrollgruppe unbewusster Weise an Trichotillomanie leiden. Zum anderen sollte sicher gestellt werden, dass es sich bei der Patientengruppe tatsächlich um Fälle von TTM handelt. Die Items wurden dichotom mit "trifft zu" bzw. "trifft nicht zu" beantwortet. Ausschlaggebend für die Zugehörigkeit zur Patientengruppe TTM ist die positive Beantwortung der Items 1- 4 und 8 (Anhang A).

4.3.1.2 Psychiatric Institute Trichotillomania Scale (PITS)

Verwendet wurde eine aus dem amerikanischen adaptierte Version (Neudecker, 1995) der PITS (Winchel et al, 1992b). Das im Original semistrukturelle Interview wurde aus Gründen der Anwendbarkeit auf kleinere Gruppen zu einem Selbstbeurteilungsinstrument umgeformt. Gemessen wird der Schweregrad der Trichotillomanie der letzten sieben Tagen. Die Psychiatric Institute Trichotillomania Scale erfasst dabei die sechs Symptombereiche:

A)   Anzahl der betroffenen Stellen,

B)   Dauer der Beschäftigung mit dem Haar,

C)   Widerstand gegenüber dem Drang sich Haare auszureißen,

D)   Haarverlust (Kahlheit),

E)   soziale Beeinträchtigung sowie

F)   gedankliche Beeinträchtigung.

Dabei werden auf einer achtstufigen Skala pro Item jeweils Punktwerte zwischen 0 und 7 vergeben. Ein Aufaddieren der erreichten Punkte bestimmt den Schweregrad der TTM (Tabelle 16). Für den deutschen Sprachraum gibt es bisher keine psychometrischen Analysen bezüglich der Validität und Reliabilität der PITS (Anhang B).

Tabelle 16: *Schweregradbestimmung der Trichotillomanie (Winchel et al., 1992; deutsche Adaption Neudecker, 1995)*

Itemebene	Summenebene
0 = nicht vorhanden	0 = nicht beeinträchtigt
:	01 – 12 = Leicht beeinträchtigt
:	13 – 24 = mäßig beeinträchtigt
:	25 – 35 = schwer beeinträchtigt
7 = stark ausgeprägt	36 – 42 = extrem beeinträchtigt

4.3.2   Abhängige Variablen

Als abhängige Variable wurden in vorliegender Untersuchung Impulsivität, kognitiver Arbeitsstil, Zwanghaftigkeit sowie Aufmerksamkeit erhoben. Die Operationalisierung der Impulsivität als überdauerndes Persönlichkeitsmerkmal erfolgte über die BIS- 10 (Barratt, 1985; deutsche autorisierte Übersetzung Herpertz, Lohmann & Lohmann). Für die Erhebung des kognitiven Arbeitsstils (Reflexivität vs. Impulsivität), wurde der Matching Familiar Figure Test (MFFT; Kagan, Rosman, Day, Albert & Philipps, 1964) eingesetzt. Die Einschätzung der Zwanghaftigkeit erfolgte mit dem Hamburger Zwangsinventar- Kurzform (HZI- K; Klepsch, Zaworka, Hand, Lünenschloß & Jauernig, 1993), welches Denk- und Handlungszwänge differenziert. Die Erfassung gerichteter

Aufmerksamkeit, wurde über das Frankfurter Aufmerksamkeits- Inventar (FAIR; Moosbrugger & Oehlschlägel, 1996) operationalisiert.

4.3.2.1 Barratt Impulsiveness Scale- 10 (BIS- 10)

Die 10. Version der Barratt Impulsiveness Scale (BIS- 1, Barratt 1985; Version 10 mit deutscher Übersetzung Herpertz, Lohmann & Lohmann) enthält 34 Items, die den drei Subskalen „motorische Impulsivität", „kognitive Impulsivität" und „nichtplanende Impulsivität" zugeordnet werden. Alle drei Subskalen bilden den Gesamtwert der Impulsivität. Motorische Impulsivität bezeichnet dabei die Tendenz zu handeln ohne nachzudenken (z.B. Ich sage Dinge ohne groß nachzudenken; Ich handle oft aus dem Augenblick heraus). Kognitive Impulsivität meint ein hohes kognitives Tempo und schnelle Entscheidungen (z.B. Meine Gedanken jagen mir durch den Kopf; Ich entscheide mich schnell) und nichtplanende Impulsivität steht für einen Mangel an zukunftsorientierten Problemlösestrategien bzw. einer vorherrschenden Gegenwartsbezogenheit (z.B. Ich plane meine Vorhaben sorgfältig; Ich interessiere mich mehr für die Gegenwart als für die Zukunft). Barratt selbst (1985) kritisiert die schlechte interne Konsistenz der Subskala „kognitive Impulsivität", was er darauf zurückführt, dass sich kognitive Prozessen nur schwer auf der Basis von Selbstbeurteilungsinstrumenten erfassen lassen. Diese Skala korreliert z.B. signifikant mit der Thorndike Impulsiveness Scale ($r= .70$), aber nicht mit dem MFFT (Kagan et al., 1964) und zwar weder im Zeitfaktor ($r= -.26$) noch im Fehlerwert ($r= -.08$).

Die einzelnen Items werden auf einer vierstufigen Ratingskala von 1 (überhaupt nicht) bis 4 (voll) bewertet und zu einem Gesamtwert der Impulsivität aufaddiert. Zusätzlich können die Wertepunkte der einzelnen Subskalen bzgl. motorischer-, kognitiver- und nichtplanender Impulsivität zusammengefasst werden. Mangels Normierung der deutschen Übersetzung liegen keine Vergleichswerte zu anderen Personen- und Patientengruppen vor (Anhang C).

4.3.2.2 Matching Familiar Figure Test (MFFT)

Der MFFT (Kagan et al., 1964) stellt eine visuelle Diskriminationsaufgabe dar, in der 12 Bilder geläufiger Alltagsobjekte mit jeweils acht sehr ähnlichen Varianten verglichen werden müssen. Der Proband muss so schnell wie möglich die Variante heraus finden, die als einzige mit dem Original identisch ist. Gemessen werden die Zeit bis zum ersten Lösungsversuch (Latenzzeit) sowie die Gesamtanzahl der Falschantworten. Der Proband hat dabei maximal drei Lösungsversuche pro Vergleich.

Impulsivität ist gekennzeichnet durch relativ geringe Latenzzeit bei hohem Fehlerscore, Reflexivität durch das reziproke Antwortverhalten. Die beiden MFFT- Scores Latenzzeit und Gesamtfehler korrelieren negativ mit Werten um r= -.50. Basis für beobachtbare Verhaltensunterschiede ist bei den Reflexiven die Angst vor Fehlern (concern with error, Kagan 1987; zitiert nach Tiedemann, 1995). Bei den Impulsiven ist es die Besorgnis, Langsamkeit könnte als Zeichen von Inkompetenz gedeutet werden.

Eine Normierung liegt weder für Kinder- und Jugendliche, noch für Erwachsene vor. Die Zuordnung zur Gruppe der Reflexiven bzw. Impulsiven ist somit stichprobenabhängig. Die Retest- Stabilität liegt bei r= .41. Nicht einbezogen werden die Gruppen der schnell und fehlerfrei sowie langsam und stark fehlerhaft vorgehenden Probanden.

4.3.2.3 Hamburger Zwangsinventar- Kurzform (HZI- K)

Denk- und Handlungszwänge kommen bei Normalpersonen, unterschiedlichen Formen neurotischer Entwicklungen, manisch- depressiven, schizophrenen und bestimmten hirnorganischen Erkrankungen mit unterschiedlicher Funktionalität vor. Das Hamburger Zwangsinventar- Kurzform (Klepsch et al., 1993) ist ein Selbstbeurteilungsfragebogen zur Erfassung des Schweregrades von Denk- und Handlungszwängen. Abgeleitet wurde es aus dem Hamburger- Zwangsinventar (Zaworka, Hand, Lünenschloß & Jauernig, 1983), dessen Länge von 188 Items oft bemängelt wurde. Das vorliegende Instrument beinhaltet nunmehr 72 Items, welche sechs Dimensionen von Zwangssymptomen in vier Schwierigkeitsstufen erfassen:

A (Kontrollhandlungen, Wiederholungen von Kontrollhandlungen und gedankliches Kontrollieren nach einer Handlung),

B (Waschen und Putzen),

C (Ordnen),

D (Zählen, Berühren und Sprechen),

E (Gedankenzwänge) und

F (zwanghafte Vorstellung, sich selbst oder anderen ein Leid zuzufügen).

Während die dimensionale Ebene die Art der Zwangssymptome erfasst, werden über die Schwierigkeitsstufen eventuelle Verfälschungstendenzen herausgefiltert. Für die Auswertung werden die einzelnen Items der jeweiligen Dimension (HZI- K- A bis HZI- K- F) aufaddiert und in Stanine- Werte umgerechnet. Für die Bestimmung der Zwanghaftigkeit werden die einzelnen Stanine- Skalen in denen der Cut- off Wert erreicht wurde summiert. Nachfolgende Cut- off Werte der Stanine- Skalen sind für die Datenauswertung zu berücksichtigen: HZI- K- A = 5, HZI- K- B = 5, HZI- K- C = 7, HZI- K- D = 6, HZI- K- E = 6, HZI- K- F = 5. Tabelle 17 verdeutlicht noch einmal das Auswertungsprinzip.

Tabelle 17: *Schweregradbestimmung einer Zwangstörung mit dem HZI- K (Hand, 1992)*

Anzahl der auffälligen Skalen (Cut- off Werte Stanine 5- 7)	Schweregrad der Zwanghaftigkeit
1- 2 Skalen	Hoch zwanghaft
3- 4 Skalen	Sehr hoch zwanghaft
5- 6 Skalen	Extrem hoch zwanghaft

Alle Items sind frei von persönlichkeitspsychologischen und neurosetheoretischen Konstrukten. Der Test ist (mit wenigen Ausnahmen) bei allen Personen ohne Berücksichtigung übergeordneter Störungen anwendbar. Eine Kontraindikation der HZI-K Vorgabe scheint bei Patienten mit ausgeprägter endogener oder neurotischer Depression als auch bei schweren Kontrollzwängen und Manien vorzuliegen. Alle HZI- K- Skalen sind unabhängig von Symptomdauer und Alter (ab 16 Jahren) der Patienten anwendbar. Die Retest- Reliabilitäten (zwei Wochen nach Ersttestung) an einer unausgelesenen Stichprobe von Zwangsneurotikern, liegen für die einzelnen HZI- K- Skalen zwischen r= .74 und r= .94. Für den Gesamttest beträgt die Retest- Reliabilität r= .93. Die Bearbeitungsdauer schwankt zwischen 15- 30 Minuten (Anhang D).

4.3.2.4 Frankfurter Aufmerksamkeits- Inventar (FAIR)

Das FAIR (Moosbrugger & Oehlschlägel, 1996) ist ein Paper- Pencil- Test zur Messung der gerichteten Aufmerksamkeit als Fähigkeit zur konzentrierten, d.h. genauen und schnellen Diskrimination visuell ähnlicher Zeichen unter gleichzeitiger Ausblendung aufgabenirrelevanter Informationen. Hauptmerkmal des FAIR ist, dass es mit zwei Zielitems, mit einer sorgfältig kontrollierten Itemverteilung und mit dem vollständigen Markierungsprinzip arbeitet.

Mit dem Testverfahren können vier verschiedene Aspekte des Aufmerksamkeitsverhaltens objektiv erfasst werden. Der Markierungswert (M) gibt Hinweise darüber, ob die Instruktion von der Testperson angemessen befolgt worden ist. Der Leistungswert (L) informiert über die Menge der konzentriert bearbeiteten Testitems. Der Qualitätswert (Q) weist den Anteil der unkonzentriert abgegebenen Urteile auf, und der Kontinuitätswert (K) informiert über das Ausmaß der kontinuierlich aufrechterhaltenen Konzentration. Angewendet wurde die Testform A, welche eher für den leistungsstarken Probandenbereich bestimmt ist (davon wurde aufgrund des theoretischen Vorwissens ausgegangen). Im Testmanual werden für die Auswertung fünf Altersgruppen zwischen 14- 72 Jahren differenziert.

Für die diagnostisch besonders bedeutsamen Testwerte L und K liegen die internen Konsistenzen (Cronbachs Alpha) zwischen r= .90 und r= .92, die Retest- Reliabilitäten (Intervall ca. 10 min) zwischen r= .85 und r= .91 und die Paralleltest- Reliabilitäten (Intervall eine Woche) zwischen r= .82 und r= .83. Auch die Testwerte M und Q, welche die Fehlantworten der Probanden mit einbeziehen, weisen mit Werten zwischen r= .65 und r= .80 ausreichend hohe Reliabilitäten auf. Die Testleistung im FAIR ist unabhängig vom Geschlecht. Für alle Testwerte liegen nach Altersgruppe getrennte Prozentrang- und Stanine- Testnormen vor. Die Bearbeitungsdauer liegt bei ca. 10 Minuten, die reine Testdauer bei zwei mal drei Minuten (Anhang E).

4.3.3   Kontrollvariablen

Zur Vermeidung von Störvariablen die in unvorhersehbarer Weise die Ergebnisse beeinflussen können, sollten diese nach Möglichkeit kontrolliert bzw. ausgeschlossen werden. Man unterscheidet dabei in Parallelisierungskriterien und Ausschlusskriterien. In vorliegender Studie wurden Alter und Geschlecht der Probanden für beide Gruppen parallelisiert. Zu den Ausschlusskriterien zählten das Vorliegen einer Depression, hirnorganische Störungen sowie mangelnde Intelligenz (IQ < 70). Das Vorliegen einer depressiven Episode wurden mit dem Beck Depressions Inventar (BDI; Hautzinger, Bailer, Worrall & Keller, 1995) ermittelt. Hirnorganische Störungen mit dem Trail Making Test

(TMT; Reitan, 1986) kontrolliert und mangelnde Intelligenz mit dem Mehrfachwahl Wortschatz Test- B (MWT- B; Lehrl, 1999) überprüft.

4.3.3.1 Demographischer Fragebogen

Zur Parallelisierung der Stichproben wurde ein kurzer Fragebogen erstellt, welcher neben dem Alter und Geschlecht auch Familienstand und Bildungsniveau erfasste. (Anhang F)

4.3.3.2 Beck Depressions Inventar (BDI)

Das meist angewandte Selbstbeurteilungsinstrument zur Erfassung des Schweregrades einer depressiven Episode ist das Beck Depressions Inventar (Hautzinger et al., 1995). Da ein Einfluss depressiver Stimmungen auf impulsives Verhalten nicht auszuschließen ist, mussten Probanden mit entsprechenden Symptomen ausgeschlossen werden.

Die Skala des BDI bezieht sich auf die letzten sieben Tage und umfasst 21 Items mit den folgenden Aspekten: traurige Stimmung, Pessimismus, Versagen, Unzufriedenheit, Schuldgefühle, Strafbedürfnis, Selbsthass, Selbstanklage, Selbstmordimpulse, Weinen, Reizbarkeit, sozialer Rückzug und Isolierung, Entschlussunfähigkeit, negatives Körperbild, Arbeitsunfähigkeit, Schlafstörungen, Ermüdbarkeit, Appetitverlust, Gewichtsverlust, Hypochondrie und Libidoverlust. Patienten haben die Aufgabe, jedes dieser aufsteigend angeordneten Items auf einer vierstufigen Skala (0 - 3) zu beurteilen. Die Zahlenwerte der Items werden summiert, wobei die erreichte Punktezahl den Schweregrad der Depression angibt. Ab 18 Punkten wird von einer klinisch relevanten Depression ausgegangen und ab 11 Punkten von einer milden bis mäßigen Ausprägung gesprochen (Tabelle 18).

Tabelle 18: *Schweregrad einer Depression nach BDI (Hautzinger et al., 1995)*

Testergebnis	Beurteilung
0 bis 10 Punkte	Unauffällig
11 bis 17 Punkte	Milde bis mäßige depressive Symptome
18 und mehr Punkte	Klinisch relevant depressiv

Die interne Konsistenz schwankt in Abhängigkeit von der Patientenstichprobe zwischen r= .73 und r= .95. Die Stabilität des Summenwertes liegt innerhalb einer Woche bei r= .75 und über zwei Wochen bei r= .68. Ein BDI- Wert von 20 und mehr Punkten lässt sich bei über 65% der depressiven Patienten finden, im Mittel liegt dieser bei 24,4 Punkten, während eine nichtklinische vergleichbare Kontrollgruppe einen mittleren Punktewert von 6,6 erreicht.

Das BDI kann auch für Verlaufsuntersuchungen eingesetzt werden. Seine Aussage bleibt von Lebensalter, Geschlecht und diagnostischer Eingruppierung des Patienten weitgehend unberührt. Die Bearbeitungszeit schwankt zwischen 10 und 15 Minuten. Der Grad der Antriebshemmung, die Entscheidungsfreudigkeit und das Alter haben einen Einfluss auf die Bearbeitungszeit (Anhang G).

4.3.3.3 Trail Making Test (TMT)

Der TMT (Reitan, 1986) ist ein Standardverfahren zur Überprüfung der generellen Hirnfunktion. Er fordert das unmittelbare Erkennen symbolischer Nummern und Buchstaben, Flexibilität bei der Integration numerischer und alphanumerischer Serien sowie das kontinuierliche Arbeiten unter Zeitdruck. Dabei werden sowohl die linke Hemisphäre (Nummern und Buchstaben) wie auch die rechte Hemisphäre (visuelles Scannen) beansprucht und überprüft. Die Zeit als Effizienzfaktor, dient als primäres Kriterium einer adäquaten Hirnfunktion. Fehler beim Verbinden der einzelnen Symbole werden als zusätzliches sekundäres Kriterium herangezogen. Der Test besteht aus zwei Teilen, wobei in Teil A nur Zahlen, in Teil B dagegen Zahlen und Buchstaben im Wechsel miteinander verbunden werden. Für beide Teiltests gibt es Cut- off Werte (Teil A 39/40 Sek.; Teil B 85/86 Sek.), bei deren Überschreitung von einer Hirnfunktionsstörung auszugehen ist. Beide Tests diskriminieren zwischen hirngeschädigten Patienten und einer gesunden Kontrollgruppe, wobei Test B dem Test A überlegen scheint (Reitan, 1986). Tabelle 19 stellt die Entscheidungskriterien für Erwachsene dar.

Tabelle 19: *Cut- off Werte für die Beurteilung einer beeinträchtigten Gehirnfunktion nach TMT (Reitan, 1986)*

	Perfekt	Normal	Leicht bis Mittelmäßig Beeinträchtigt	Mittelmäßig bis Schwer Beeinträchtigt
Trails A	0" – 26"	27" – 39"	40" – 51"	52" +
Trails B	0" – 65"	66" – 85"	86" – 120"	121" +

Legende: " = Sekunden

4.3.3.4 Mehrfachwahl Wortschatz Intelligenztest- B (MWT- B)

Im Mehrfachwahl Wortschatz Tests- B (MWT- B; Lehrl, 1999) wird ein umgangs-, bildungs- oder wissenschaftssprachlich bekanntes Wort unter vier sinnlose wort-ähnliche Buchstabenkombinationen gemischt. 37 im Schwierigkeitsgrad ansteigende Wortzeilen, bilden dann den Gesamttest. In jeder dieser 37 Zeilen muss das bekannte Wort durchgestrichen werden. Im Wesentlichen werden so die Funktionsgefüge „Wiedererkennen" und „Unterscheidung zwischen Bekanntem und Unbekanntem" angesprochen. Damit wird hauptsächlich die kristalline Intelligenz gemessen, welche weitestgehend unabhängig von aktuellen psychischen Störungen ist. Weitere vorteilhafte Eigenschaften des MWT- B sind:

A)   Messung des allgemeinen Intelligenzniveaus,

B)   Unsensibilität gegenüber Störeinflüssen und Alter,

C)   Ökonomie der Durchführung.

Der durchschnittliche Korrelationskoeffizient zwischen MWT- B und anderen globalen Intelligenztests (z.B. LPS, HAWIE) liegt bei r= .71. Der Anwendungsbereich ist für die Altersgruppe der 20- 64 jährigen geeicht, wobei der Autor nicht von Geschlechtsunterschieden ausgeht. Der MWT- B ist für Personen, deren Muttersprache nicht deutsch ist sowie für Legastheniker, ungeeignet. Pharmakogene Akkommodationsstörungen, z.B. durch Antidepressiva, Motivationsmangel und schwere seelisch- geistige Störungen, mindern ebenfalls die Ergebnisse des MWT- B. Ungefähr im Bereich weniger IQ 70 und über IQ 125 differenziert der MWT- B infolge zu großer Messfehler nicht mehr ausreichend. Nachfolgende Tabelle 20 ist der Versuch einer Verbalisierung von IQ Punkten.

Tabelle 20: *Verbalisierung von Intelligenzstufen nach Lehrl (1999)*

Gesamtpunktzahl	Intelligenzstufe	IQ
0 – 5	Sehr niedrige Intelligenz	Bis 72
6 – 20	Niedrige Intelligenz	73 – 90
21 – 30	Durchschnittliche Intelligenz	91 – 109
31 – 33	Hohe Intelligenz	110 – 127
34 – 37	Sehr hohe Intelligenz	128 und höher

Die Bearbeitungszeit bei psychiatrisch unauffälligen Personen liegt bei ca. 5 min und ist nicht begrenzt. Die Abnahme des auch als Gruppentest geeigneten Verfahrens kann durchaus über Hilfspersonen erfolgen (Anhang I).

4.4 Versuchsdesign

4.4.1 Versuchsplan

1) Vorliegende Studie vergleicht in einer Querschnittsuntersuchung zwei zufällig erhobene Stichproben anhand der Konstrukte Impulsivität, kognitiver Arbeitsstil, Zwanghaftigkeit und Aufmerksamkeit. Das Versuchsdesign für den Gruppenvergleich von TTM- Betroffenen und Kontrollpersonen zeigt Tabelle 21a.

2) Der Zusammenhang des Schweregrades der Trichotillomanie mit den einzelnen Konstrukten wird über das Versuchsdesign in Tabelle 21b operationalisiert.

3) Zudem soll die gegenseitige Beeinflussung der Konstrukte Impulsivität, kognitiver Arbeitsstil, Zwanghaftigkeit und Aufmerksamkeit geprüft werden wie Tabelle 21c darlegt.

4) Das Versuchsdesign für die Parallelisierung der Stichproben und den Ausschluss von Störvariablen zeigt Tabelle 21d.

5) Getestet wird immer zweiseitig bei 5% Irrtumswahrscheinlichkeit.

Tabelle 21a: *Versuchsdesign für den Gruppenvergleich*

Unabhängige Variable	Abhängige Variable	Operationalisierung	Auswertung
Gruppenzugehörigkeit	Impulsivität	BIS	Mann- Whitney U- Test (unabhängige Stichproben)
Gruppenzugehörigkeit	kognitiver Arbeitsstil (impulsiv vs. reflexiv)	MFFT	T- Test unabhängiger Stichproben
Gruppenzugehörigkeit	Zwanghaftigkeit	HZI- K	Fisher´s exakter Test und Chi^2
Gruppenzugehörigkeit	Aufmerksamkeit	FAIR	T- Test unabhängiger Stichproben

Legende: BDI= Beck Depressions Inventar; FAIR= Frankfurter Aufmerksamkeits- Inventar; HZI- K= Hamburger Zwangsinventar- Kurzform; MFFT= Matching Familiar Figure Test

Tabelle 21b: *Versuchsdesign für die TTM- Gruppe bzgl. des Schweregrades der TTM*

Unabhängige Variable	Abhängige Variable	Operationalisierung	Auswertung
Schweregrad TTM	Impulsivität	PITS BIS	Univariate Varianzanalyse
Schweregrad TTM	kognitiver Arbeitsstil (impulsiv vs. reflexiv)	PITS MFFT	Univariate Varianzanalyse
Schweregrad TTM	Zwanghaftigkeit	PITS HZI-K	Punktbiseriale Korrelation
Schweregrad TTM	Aufmerksamkeit	PITS FAIR	Univariate Varianzanalyse

Legende: BIS= Barratt Impulsiveness Scale; FAIR= Frankfurter Aufmerksamkeits- Inventar; HZI- K= Hamburger Zwangsinventar- Kurzform; MFFT= Matching Familiar Figure Test; PITS= Psychiatric Institute Trichotillomania Scale

Tabelle 21c: *Untersuchung der Konstrukte auf gegenseitige Beeinflussung*

Unabhängige Variable	Abhängige Variable	Operationalisierung	Auswertung
Zwanghaftigkeit	Impulsivität	BIS HZI-K	Produkt- Moment- Korre-lation
Zwanghaftigkeit	kognitiver Arbeitsstil	HZI- K MFFT	Produkt- Moment- Korre-lation
Zwanghaftigkeit	Aufmerksamkeit	BIS FAIR	Produkt- Moment- Korre-lation
Impulsivität	Aufmerksamkeit	BIS FAIR	Produkt- Moment- Korre-lation
Impulsivität	kognitiver Arbeitstil	BIS MFFT	Produkt- Moment- Korre-lation
Aufmerksamkeit	kognitiver Arbeitsstil	FAIR MFFT	Produkt- Moment- Korre-lation

Legende: BIS= Barratt Impulsiveness Scale; FAIR= Frankfurter Aufmerksamkeits- Inventar; HZI- K= Hamburger Zwangsinventar- Kurzform; MFFT= Matching Familiar Figure Test;

Tabelle 21d: *Gruppenvergleich der Kontrollvariablen*

Unabhängige Variable	Abhängige Variable	Operationalisierung	Auswertung
Gruppenzugehörigkeit	Depression	BDI	T- Test unabhängiger Stichproben
Gruppenzugehörigkeit	Intelligenz	MWT- B	Mann- Whitney U- Test (unabhängige Stichproben)
Gruppenzugehörigkeit	basale Hirnschädigungen	TMT	T- Test unabhängiger Stichproben
BDI	Impulsivität, kognitiver Arbeitsstil, Zwanghaftigkeit, Aufmerksamkeit	PITS, BIS, MFFT, HZI- K, FAIR	Produkt- Moment Korrelation

Legende: BDI= Beck Depressions Inventar; BIS= Barratt Impulsiveness Scale; FAIR= Frankfurter Aufmerksamkeits-Inventar; HZI- K= Hamburger Zwangsinventar- Kurzform; MFFT= Matching Familiar Figure Test; MWT- B= Mehrfachwahl Wortschatz Test; PITS= Psychiatric Institute Trichotillomania Scale; TMT= Trail Making Test

4.4.2   Fallzahlen

Die Anzahl der Personen in den jeweiligen Gruppen richtet sich u.a. nach der erwarteten Effektstärke. Bei einer erwarteten großen Effektstärke ($d= 0.80$), einer Power von .80 und einem Fehler der 1. Art von 5% werden für einen T- Test unabhängiger Stichproben 20 Personen pro Gruppe (einseitige Testung) benötigt. Für eine Korrelationsberechnung mit erwarteten großen Effekten ($d= 0.50$) sind Daten von N= 22 Personen pro Gruppe (einseitige Testung) zu erheben und für eine Varianzanalyse mit erwarteten großen Effekten ($d= 0.40$) und zweiseitiger Testung für df= 1, N= 26 Personen, für df= 2, N= 21 Personen und für df= 3, N= 18 Personen (Bortz, 1999, S. 613). Um einen Verlust an Test- Power zu vermeiden, empfiehlt es sich die Gesamtgruppenstärke im T- Test gleichmäßig auf beide Gruppen zu verteilen (Bortz, 1999). Vorliegende Untersuchung arbeitet mit einer Gruppengröße von je 32 Personen.

4.4.3   Zielstellungen

1)   Nachfolgende Studie vergleicht Trichotillomanie- Betroffene mit einer Kontroll-
     gruppe gesunder Personen bezüglich der Konstrukte Impulsivität, kognitiver Ar-
     beitsstil, Zwanghaftigkeit und Aufmerksamkeit. Hauptziele dieses Vergleiches sind
     die Verbesserung der Aussagen bezüglich der Konstruktzusammenhänge sowie
     die Bestimmung der Stärke und Richtung von Gruppenunterschieden (Hypo-
     thesen 4.4.4.3 und 4.4.4.1).

2)   Darauf aufbauend wird überprüft, ob sich der Schweregrad der Trichotillomanie
     in den Konstrukten Impulsivität, kognitiver Arbeitsstil, Zwanghaftigkeit und Auf-
     merksamkeit widerspiegelt (Hypothesen 4.4.4.2).

3)   Mit Hilfe der Ergebnisse aus den Punkten eins und zwei soll die Einordnung der
     Trichotillomanie in das Modell der Zwangsspektrumsstörungen neu diskutiert wer-
     den.

4.4.4   Hypothesen

4.4.4.1   Hypothesen zu den Gruppenunterschieden

1)   bezüglich der Impulsivität
     H_0: Es gibt keine Unterschiede zwischen den Gruppen.
     H_1: Trichotillomanie- Betroffene unterscheiden sich in ihrer Impulsivität gegen-
              über ein klinisch unauffälligen Kontrollgruppe.

2)   bezüglich des kognitiven Arbeitsstiles im objektiven Leistungstest
     H_0: Es gibt keine Unterschiede zwischen den Gruppen.
     H_1: Trichotillomanie- Betroffene zeigen einen anderen Arbeitsstil im objektiven
              Leistungstest.

3)   bzgl. der Zwanghaftigkeit
     H_0: Es gibt keine Unterschiede zwischen den Gruppen.
     H_1: Personen mit Trichotillomanie unterscheiden sich in ihrer Zwanghaftigkeit
              gegenüber der Kontrollgruppe.

4) bzgl. der Aufmerksamkeit

H_0: Es gibt keine Unterschiede zwischen den Gruppen.

H_1: TTM- Patienten weisen andere Aufmerksamkeitsleistungen als gesunde Kontrollpersonen auf.

4.4.4.2 Hypothesen zum Schweregrad der Trichotillomanie

1) bzgl. des Zusammenhanges von Schweregrad der Trichotillomanie und Impulsivität

H_0: Es gibt keinen Zusammenhang

H_1: Es gibt einen Zusammenhang zwischen dem Schweregrad der TTM und der Impulsivität.

2) bzgl. des Zusammenhanges von Schweregrad der Trichotillomanie und Arbeitsstil

H_0: Es gibt keinen Zusammenhang.

H_1: Es gibt einen Zusammenhang zwischen dem Schweregrad der TTM und dem Arbeitsstil.

3) bzgl. des Zusammenhanges von Schweregrad der Trichotillomanie und Zwanghaftigkeit

H_0: Es gibt keinen Zusammenhang.

H_1: Es gibt einen Zusammenhang zwischen dem Schweregrad der TTM und der Zwanghaftigkeit.

4) bzgl. des Zusammenhanges von Schweregrad der Trichotillomanie und Aufmerksamkeit

H_0: Es gibt keinen Zusammenhang.

H_1: Es gibt einen Zusammenhang zwischen Schweregrad der Trichotillomanie und Aufmerksamkeit.

4.4.4.3 Hypothesen zu den Konstruktzusammenhängen

1) bzgl. des Zusammenhanges von Zwanghaftigkeit und Impulsivität

   H_0: Es gibt keinen Zusammenhang.

   H_1: Es gibt einen Zusammenhang der Konstrukte Zwanghaftigkeit und Impulsivität.

2) bzgl. des Zusammenhanges von Zwanghaftigkeit und kognitivem Arbeitsstil

   H_0: Es gibt keinen Zusammenhang.

   H_1: Es gibt einen Zusammenhang der Konstrukte Zwanghaftigkeit und kognitiver Arbeitsstil.

3) bzgl. des Zusammenhanges von Zwanghaftigkeit und Aufmerksamkeit

   H_0: Es gibt keinen Zusammenhang.

   H_1: Es gibt einen Zusammenhang der Konstrukte Zwanghaftigkeit und Aufmerksamkeit.

4) bzgl. des Zusammenhanges von Impulsivität und Aufmerksamkeit

   H_0: Es gibt keinen Zusammenhang.

   H_1: Es gibt einen Zusammenhang der Konstrukte Impulsivität und Aufmerksamkeit.

5) bzgl. des Zusammenhanges von Impulsivität und kognitivem Arbeitsstil

   H_0: Es gibt keinen Zusammenhang.

   H_1: Es gibt einen Zusammenhang der Konstrukte Impulsivität und Arbeitsstil.

6) bzgl. des Zusammenhanges von Aufmerksamkeit und kognitivem Arbeitsstil

   H_0: Es gibt keinen Zusammenhang.

   H_1: Es gibt einen Zusammenhang der Konstrukte Aufmerksamkeit und Arbeitsstil.

4.4.5   Datenauswertung

Alle erhobenen Daten wurden für das computergestützte Statistikprogramm „SPSS für Windows" (Version 11.5) codiert und eingegeben. Die Auswertung der einzelnen Erhebungsinstrumente im Fragebogen erfolgte nach den jeweiligen Manualvorgaben. Die Items wurden vom Versuchsleiter ausgezählt. Im Falle von FAIR (Moosbrugger & Oehlschlägel, 1996) und HZI- K (Klepsch et al., 1993) wurden dafür Auswertungsschablonen verwendet. Im MFFT (Kagan, 1964) und im TMT (Reitan, 1986) wurde eine analoge Stoppuhr verwendet. Die Latenzzeiten im MFFT haben eine $^1/_{10}$ Genauigkeit. Im BIS- 10 (deutsche Übersetzung Herpertz, Lohmann & Lohmann) mussten einige Item gepolt werden. Nach erfolgter Dateneingabe, wurden für beide Gruppen zuerst die Werte des BDI (Hautzinger, Bailer, Worrall & Keller, 1995) berechnet. Dabei wurde deutlich, dass nur 32 der ursprünglich 57 Personen umfassenden Trichotillomanie-Gruppe keine klinisch depressiven Episoden in der letzten Woche aufwiesen. Damit verkleinerte sich diese Gruppe um 44%. Die Überprüfung der Varianzenhomogenität erfolgt bei den angewendeten Verfahren immer nach Levene. Es wird davon ausgegangen, dass hypothesenbeeinflussende Störvariablen ausreichend kontrolliert sind.

5   Ergebnisse

5.1   Auswertung der Erhebungsinstrumente

Im vorliegenden ersten Teil der Ergebnisse, werden die Erhebungsinstrumente sowohl deskriptiv als auch inferenzstatistisch bezüglich der Gruppenunterschiede in Impulsivität, kognitiver Arbeitsstil, Zwanghaftigkeit und Aufmerksamkeit ausgewertet. Das jeweilige Auswertungsdesign entspricht dabei dem Versuchsplan.

5.1.1   Unabhängige Variablen

5.1.1.1   DSM- IV Diagnose Check (beide Gruppen)
Der Diagnose- Check differenzierte erwartungsgemäß beide Gruppen. In der Kontrollgruppe (N= 32) gab es keine Person die ein diagnoserelevantes Item mit zutreffend beantwortete. Nur das Kontrollitem 6 wurde von den Personen der Kontrollgruppe in

allen Fällen (100%) positiv beantwortet. Nachfolgende Ausführungen beschränken sich auf weitere Differenzierungen innerhalb der TTM- Gruppe. Tabelle 22 zeigt die Verteilung der Personen der TTM- Gruppe (N= 32) bzgl. der Anzahl der mit „trifft zu" beantworteten Items.

Tabelle 22: *Anzahl der mit zutreffend beantworteten DSM- IV Kriterien in der Trichotillomanie- Gruppe* **ohne** *Item 6*

Anzahl der zutreffenden Kriterien	n	%
4	2	6,25
5	8	25
6	8	25
7	14	43,75
Gesamt	32	100

Legende: n= Anzahl der Personen in der TTM- Gruppe; %= Prozentangabe

Zwei Personen (6,25%) beantworteten je vier, acht Personen (25%) je fünf, acht Personen (25%) je sechs und 14 Personen (43,75%) sieben Items (ohne Item 6) mit zutreffend. Dabei entspricht Item 1 dem DSM- IV- Kriterium A, Item 2 dem DSM- IV- Kriterium B, Item 3 dem DSM- IV- Kriterium C und Item 8 dem DSM- IV- Kriterium D (American Psychiatric Association, 1994). Die Item 4, 5 und 7 sind Zusatzitems typischer Erlebnisweisen aus Berichten Betroffener. Die Verteilung der Antworthäufigkeiten innerhalb des Items zeigt Tabelle 23.

Tabelle 23: *deskriptive Darstellung der Häufigkeiten der mit „trifft zu"/ „trifft nicht zu" beantworteten Item in der TTM- Gruppe*

Kriterium	trifft zu		trifft nicht zu	
	n	%	n	%
1) Ich reiße mir wiederholt eigenes Haar aus, was zu einem deutlichen Haarausfall führt.	30	93,75	2	6,25
2) Ich empfinde ein deutliches Spannungsgefühl unmittelbar vor dem Haareausreißen.	26	81,25	6	18,75
3) Ich empfinde ein Spannungsgefühl beim Versuch der Handlung zu widerstehen.	31	96,9	1	3,1
4) Ich empfinde Vergnügen, Befriedigung oder Entspannung während des Haareausreißens.	29	90,6	3	9,4
5) Manchmal reiße ich ganz unbewusst Haare aus.	23	71,9	9	28,1
6) Meine Haare fallen mir ganz von selbst aus.	3	9,4	29	90,6

7) Manchmal habe ich das Gefühl, mein Haareausreißen wird durch einen Impuls verursacht, den ich nicht steuern kann.	29	90,6	3	9,4
8) Der Haarausfall geht nicht mit eine Entzündung der Kopfhaut einher.	26	81,25	6	18,75

Legende: n= Anzahl der Personen; %= Prozentangabe

Hier wird deutlich, dass die DSM- IV Kriterien (Item 1, 2, 3, 8) von je mindestens 26 Trichotillomanie- Betroffenen (81,25%) mit „trifft zu" beantwortet wurden. Die Zusatz- Item 4 und 7 wurden von 29 Betroffenen (90,6%) positiv beantwortet.

5.1.1.2 PITS (Psychiatric Institute Trichotillomania Scale)

Die deskriptive Auswertung der Psychiatric Institute Trichotillomania Scale (PITS), ergab für die TTM- Gruppe einen Gesamtmittelwert von 18,81 (SD= 5,625). Damit fühlen sich die Betroffenen im Durchschnitt "mäßig" durch ihre Erkrankung beeinträchtigt. Eine Übersicht der Schwergradausprägung der untersuchten TTM- Gruppe gibt Tabelle 24. Demnach fühlen sich fünf Personen (15,6%) leicht, 24 Personen (75%) mäßig, drei Personen (9,4%) schwer und keine Person extrem durch die Erkrankung beeinträchtigt.

Tabelle 24: *Anzahl der Personen in den verschiedenen Schweregradstufen der PITS*

Summenwerte	Schweregrad	n	%
1- 12	leicht beeinträchtigt	5	15,6
13- 24	mäßig beeinträchtigt	24	75
25- 35	schwer beeinträchtigt	3	9,4
36- 42	extrem beeinträchtigt	0	0
Gesamt		32	100

Legende: n= Anzahl der Nennungen; %= Prozentangabe

In Tabelle 25 sind die Mittelwerte wie auch die Nennungshäufigkeiten der einzelnen Skalen aufgeschlüsselt.

Tabelle 25: *deskriptive Darstellung der Nennungshäufigkeiten in den sechs Skalen der PITS*

PITS- Skalen	n	M	PITS- Skalen	n	M	PITS- Skalen	n	M
Stellen: (Mehrfachnennung)		3,75	Haarverlust: (bezogen a. Reißstelle)		3,69	Widerstand:		4,91
Kopf	31		gering	6		immer	0	
Wimpern	5		mittelmäßig	10		fast immer	0	
Brauen	6		50%	9		$3/4$ - fast immer	5	
Scham	7		75%	2		$1/2$ bis $3/4$	8	
Beine	2		fast alle	5		$1/4$ bis $1/2$	4	
Bart	1		alle	0		selten	15	
Dauer:		2,63	Höhe sozialer Beeinträchtigung:		0,72	Höhe gedanklicher Beeinträchtigung:		3,13
5 min/d	3		0	19		0	2	
5- 15 min/d	15		1	8		1	12	
15- 30 min/d	6		2	2		2	0	
30 min- 1 h/d	7		3	1		3	7	
1- 2 h/d	1		4	2		4	1	
2- 3 h/d	0		5	0		5	0	
> 3 h/d	0		6	0		6	7	
			7	0		7	3	

Legende: M= Mittelwert der Skala; n= Anzahl der Nennungen pro Skala

Pro Skala können null bis sieben Punkte vergeben werden. Auffallend ist die besonders hohe Nennung in der Skala "Widerstand" (M= 4,91) und die besonders niedrige Nennung in der Skala "Soziale Beeinträchtigung" (M= 0,72). Somit können die Befragten in Momenten des "Reißens", nur in etwa 50% der Fälle diesem Drang widerstehen. Der Drang sich Haare ausreißen zu müssen wird hier als Hauptproblem durch die Betroffenen benannt. Im Gegensatz dazu, fühlen sich die Probanden nicht oder nur manchmal durch die Störung in sozialen Beziehungen beeinträchtigt.

5.1.2   Abhängige Variablen

5.1.2.1 BIS- 10 (Barratt Impulsiveness Scale)

Die Erfassung der Impulsivität erfolgte über die BIS- 10 (Barratt Impulsiveness Scale). Dabei erreichte die Trichotillomanie- Gruppe einen Gesamtmittelwert von 71,81 (SD= 12,41) und die Kontrollgruppe den Gesamtmittelwert von 71,84 (SD= 7,61). Auffallend ist die hohe Streuung der Mittelwerte in der BIS- Gesamtskala der Trichotillomanie-

Gruppe. Nachfolgend Tabelle 26 mit der deskriptiven Darstellung der Mittelwerte und Standardabweichungen der einzelnen BIS- Skalen.

Tabelle 26: *deskriptive Darstellung der Gruppenunterschiede in den Skalen der BIS*

BIS- Skalen	Gruppe	n	M	SD	Min.	Max.
Nichtplanende Impulsivität	TTM	32	22,00	3,818	18	31
	KG	32	24,44	3,398		
Kognitive Impulsivität	TTM	32	26,44	5,352	18	33
	KG	32	24,97	3,522		
Motorische Impulsivität	TTM	32	23,38	5,284	16	31
	KG	32	22,44	3,445		
Gesamtwert	TTM	32	71,81	12,41	53	92
	KG	32	71,84	7,61		

Legende: M= Mittelwerte; Min.= geringster Wert; Max.= größter Wert; n= Anzahl der Personen; SD= Standartabweichungen

In der BIS- Skala „nichtplanende Impulsivität", erreichte die TTM- Gruppe einen Mittelwert von 22 (SD= 3,818) und die Kontrollgruppe einen Mittelwert von 24,44 (SD= 3,398). In der BIS- Skala „kognitive" Impulsivität" wird in der TTM- Gruppe ein Mittelwert von 26,44 (SD= 5,352) und in der Kontrollgruppe von 24,97 (SD= 3,533) erreicht. In der BIS- Skala „motorische" Impulsivität erreichte die TTM- Gruppe einen Mittelwert von 23,38 (SD= 5,284) und die Kontrollgruppe einen Mittelwert von 22,44 (SD= 3,445). Für die inferenzstatistischen Berechnungen wurde der Mann- Whitney U- Test (zwei unabhängige Stichproben) verwendet.

Tabelle 27: *statistischer Vergleich der mittleren Ränge (Mann- Whitney U-Test) zwischen TTM- Gruppe und Kontrollgruppe für die Skalen der BIS*

BIS- Skalen	Gruppe	n	Mann- Whitney U- Test				
			mittlerer Rang	U	W	Z	Asymp. Sig. (2-seitig)
Nichtplanende Impulsivität	TTM	32	25,94	302,00	830,00	-2,831	0,005
	KG	32	39,06				
Kognitive Impulsivität	TTM	32	34,36	452,50	980,50	-0,802	0,423
	KG	32	30,64				
Motorische Impulsivität	TTM	32	33,52	479,50	1007,50	-0,438	0,661
	KG	32	31,48				
Gesamtwert	TTM	32	31,16	469,00	997,00	-0,578	0,563
	KG	32	33,84				

Legende: Asymp. Sig.= zweiseitiger P- Wert für Z; n= Anzahl der Personen; U= Prüfgröße des Mann- Whitney U- Test; W= Prüfgröße des Wilcoxon Rangsummentests; Z= Prüfgröße der Nullhypothese;

Es wurde zweiseitig auf 5%- Niveau getestet. Der mittlere Rang der TTM- Gruppe von 25,94 unterscheidet sich mit p= 0,001 signifikant von dem der Kontrollgruppe von 39,06 in der „nichtplanenden Impulsivität". In den anderen BIS- Skalen werden keine statistisch bedeutsamen Gruppenunterschiede erreicht (Tabelle 27).

5.1.2.2 MFFT (Matching Familiar Figure Test)

Die Erfassung des kognitiven Arbeitsstils erfolgte mit dem MFFT (Matching Familiar Figure Test). Es wurden Latenzzeit und Fehleranzahl erhoben (Tabelle 28). Als Latenz- zeit gilt die Entscheidungszeit für den ersten Lösungsversuch unabhängig davon, ob es sich um die richtige Lösung handelt. Der Mittelwert der TTM- Gruppe lag bei 55,38 sek. (SD= 21,05), der Mittelwert der Kontrollgruppe bei 55,93 sek. (SD= 20,16). Die durch- schnittliche Fehleranzahl lag in der TTM- Gruppe bei 5,88 (SD= 4,48) und in der Kon- trollgruppe bei 3,75 (SD= 4,37).

Tabelle 28: *deskriptive Darstellung der mittleren Lösungszeiten und Fehlerwerte der beiden Vergleichs- gruppen im MFFT*

MFFT- Skalen	Gruppe	n	M	SD	Min.	Max.
Latenzzeit	TTM	32	55,38	21,047	19,1	89,6
	KG	32	55,93	20,16	7,2	87,8
Fehlerrate	TTM	32	5,88	4,478	0	17
	KG	32	3,75	4,37	0	20

Legende: KG= Kontrollgruppe; M= Mittelwerte; Min.= geringster Wert; Max.= größter Wert; n= Anzahl der Personen; SD= Standartabweichungen; TTM= Trichotillomanie

Für die inferenzstatistische Auswertung des MFFT wurden die Gruppenmittelwerte (T- Test) der Latenzzeiten und Fehlerraten miteinander verglichen.

Tabelle 29: *statistischer Vergleich der Gruppenmittelwerte von Latenzzeit und Fehler im MFFT*

Prüfgrößen	Gruppe	n	Levene´s Test auf Varianzen- homogenität		T- Test	
			F	Sig.	t	Sig. (2- seitig)
Latenzzeit	TTM	32	0,592	0,445	-0,106	0,916
	KG	32				
Fehlerrate	TTM	32	0,836	0,365	1,921	0,059
	KG	32				

Legende: KG= Kontrollgruppe; M= Mittelwert; n= Anzahl der Personen; SD= Standartabweichung; Sig.= P- Wert

Für die Latenzzeiten konnten bei zweiseitiger Testung auf dem 5%- Niveau keine signifikanten Gruppenunterschiede gefunden werden (p= 0,916). Auch für die Fehlerraten wurden die Gruppenunterschiede nicht signifikant (p= 0,059). Tendenzen zu weniger Fehlern in der Kontrollgruppe sind aber nachweisbar. Tabelle 29 fasst die genannten Ergebnisse noch einmal zusammen.

5.1.2.3   HZI- K (Hamburger Zwangsinventar- Kurzform)

Zur Erfassung der Zwanghaftigkeit wurde das HZI- K eingesetzt. Die Höhe der Zwanghaftigkeit ergibt sich aus der Summe der Skalen in der ein bestimmter Stanine- Wert erreicht wird. In maximal sechs Skalen kann dieser positive Stanine- Wert erreicht werden (Tabelle 30).

Tabelle 30: *deskriptive Darstellung der mit dem HZI- K erfassten Zwanghaftigkeit in Trichotillomanie- und   Kontrollgruppe*

positive Skalen	Stufen der Zwanghaftigkeit	TTM- Gruppe		Kontrollgruppe	
		n	%	n	%
0	Nicht zwanghaft	20	62,5	26	81,25
1 + 2	Hoch zwanghaft	11	34,4	6	18,75
3 + 4	Sehr hoch zwanghaft	1	3,1	0	0
5 + 6	Extrem hoch zwanghaft	0	0	0	0
Gesamt		32	100	32	100

Legende: n= Anzahl der Personen; %= Prozentangabe

Tabelle 31: *Gruppenspezifische Skalenverteilung der zwangsneurotischen Personen (Mehrfachnennung möglich)*

TTM- Gruppe	1	2	3	4	5	6	7	8	9	10	11	12	n
HZI-K-A	X	X	0	0	0	0	0	X	0	X	X	0	5
HZI-K-B	0	X	0	X	0	X	X	0	X	0	0	0	5
HZI-K-C	0	0	0	0	0	0	0	0	0	0	0	0	0
HZI-K-D	0	X	0	0	0	0	0	0	0	0	0	0	1
HZI-K-E	0	X	0	0	0	0	0	0	0	0	0	0	1
HZI-K-F	0	0	X	0	X	X	0	0	0	0	0	X	4

Kontrollgruppe	1	2	3	4	5	6	-	-	-	-	-	-	n
HZI-K-A	0	0	0	X	0	X							2
HZI-K-B	X	0	X	0	X	0							3
HZI-K-C	0	0	0	0	0	0							0
HZI-K-D	0	X	0	0	0	0							1
HZI-K-E	0	0	0	0	0	0							0
HZI-K-F	0	0	0	0	0	0							0

Legende: HZI-K-A = Kontrollzwang; HZI-K-B = Wasch- und Putzzwang; HZI-K-C = Ordnungszwang; HZI-K-D = Zähl-/ Berührungszwang; HZI-K-E = Gedankenzwang; HZI-K-F = zwanghafte Vorstellung sich oder anderen ein Leid zuzufügen; n= Anzahl der Nennungen

In der TTM- Gruppe wurden 11 Personen (34,4%) als „hoch zwanghaft" (1- 2 Skalen) eingestuft und eine Person (3,1%) als „sehr hoch zwanghaft" (4 Skalen). In der Kontrollgruppe erreichten sechs Personen (18,75%) einen positiven Stanine- Wert in 1- 2 Skalen und gelten damit als "hoch zwanghaft". In Tabelle 31 wird die Verteilung der „Positivskalen" in den beiden Vergleichsgruppen dargestellt.

In der Trichotillomanie- Gruppe erfüllen jeweils fünf Personen (15,6%) das Kriterium A (Kontrollzwang) und/ oder Kriterium B (Wasch- und Putzzwang), eine Person (3,1%) zusätzlich die Kriterien C (Ordnungszwang) und D (Zähl/ Berührungszwang). Vier Personen (12,5%) erfüllen das Kriterium F (zwanghafte Vorstellung sich oder anderen ein Leid zuzufügen). In der Kontrollgruppe gibt es niemanden der in mehr als einer Skala als zwangsneurotisch eingeordnet werden kann. Hier erreichen zwei Personen (6,25%) das Kriterium A, drei Personen (9,4%) das Kriterium B und eine Person (3,1%) Kriterium D. Mit dem Pearson- Chi^2- Test wurde die Verteilung der Stufen der Zwanghaftigkeit in beiden Gruppen inferenzstatistisch verglichen. Mit Chi^2= 3,253 (df= 2) und p= 0,197 bei zweiseitiger Testung auf dem 5%- Niveau, unterscheiden sich beide Verteilungen nicht signifikant.

5.1.2.4 FAIR (Frankfurter Aufmerksamkeits- Inventar)

Die Erfassung der Aufmerksamkeit erfolgte mit dem FAIR (Frankfurter Aufmerksamkeits- Inventar). Mit dem FAIR werden vier Aspekte des Aufmerksamkeitsverhaltens unterschieden. Die erreichten Werte der einzelnen Probanden wurden mit einer Schablone ausgewertet und auf die Rückseite der Testbögen übertragen.

Tabelle 32: *deskriptive Darstellung der Gruppenunterschiede in den Skalen des FAIR*

FAIR - Skalen	Gruppe	n	M	SD	Min.	Max.
Markierungswert	TTM	32	4,00	1,244	2	7
(M)	KG	32	3,94	1,523	1	7
Leistungswert	TTM	32	5,13	1,897	1	8
(L)	KG	32	6,03	1,787	3	9
Qualitätswert	TTM	32	5,97	2,416	2	9
(Q)	KG	32	6,06	2,063	2	9
Kontinuitätswert	TTM	32	5,31	2,007	1	9
(K)	KG	32	6,03	1,858	3	9

Legende: KG= Kontrollgruppe; M= Mittelwerte; Min.= geringster Wert; Max.= größter Wert; n= Anzahl der Personen; SD= Standartabweichungen; TTM= Trichotillomanie

Für alle Testwerte liegen nach Altersgruppen getrennte Stanine- Werte vor, die im Manual abgelesen wurden. In Tabelle 32 sind die deskriptiv- statistischen Ergebnisse beider Gruppen dargestellt. Im Markierungswert (M) erreicht die TTM- Gruppe einen Mittelwert von 4 (SD= 1,244) und die Kontrollgruppe einen Mittelwert von 3,94 (SD= 1,523). Beide Gruppen hielten sich somit in ähnlicher Weise an die Testinstruktion. Im Leistungswert, der die Menge der konzentriert bearbeiteten Items erfasst, liegt der Mittelwert der TTM- Gruppe bei 5,13 (SD= 1,897), jener der Kontrollgruppe bei 6,03 (SD= 1,787). Im Qualitätswert, dem Anteil der unkonzentriert abgegebenen Urteile, erreicht die TTM- Gruppe einen Mittelwert von 5,97 (SD= 2,416), die Kontrollgruppe einen Mittelwert von 6,06 (SD= 2,063). Im Kontinuitätswert (K), der über das Ausmaß der kontinuierlich aufrechterhaltenen Konzentration informiert, liegt der Mittelwert der TTM- Gruppe bei 5,31 (SD= 2,007) und jener der Kontrollgruppe bei 6,03 (SD= 1,858).

Der inferenzstatistische Vergleich beider Stichproben erfolgte über die Gruppenmittelwerte der vier Aspekte des Aufmerksamkeitsverhaltens. Mit p= 0,858 im Markierungswert (M), p= 0,054 im Leistungswert, p= 0,868 im Qualitätswert (Q) und p= 0,142 im Kontinuitätswert, unterscheiden sich die Gruppen in keinem der Aufmerksamkeitsbereiche signifikant auf dem 5%- Niveau bei zweiseitiger Testung. Im Leistungswert (L) kann aber von einer Tendenz zu höheren Leistungswerten in der Kontrollgruppe gesprochen werden. Tabelle 33 zeigt die Ergebnisse des zweiseitigen T- Test. (5%- Niveau).

Tabelle 33: *inferenzstatistischer Vergleich der Mittelwerte beider Gruppen in den vier Aspekte der Aufmerksamkeit des FAIR*

Prüfgrößen	Gruppe	n	Levene´s Test auf Varianzenhomogenität		T- Test	
			F	Sig.	t	Sig. (2- seitig)
Markierungswert (M)	TTM	32	1,256	0,267	0,180	0,858
	KG	32				
Leistungswert	TTM	32	0,025	0,875	-1,967	0,054
(L)	KG	32				
Qualitätswert	TTM	32	1,013	0,318	-0,167	0,868
(Q)	KG	32				
Kontinuitätswert	TTM	32	0,013	0,910	-1,487	0,142
(K)	KG	32				

Legende: KG= Kontrollgruppe; M= Mittelwert; n= Anzahl der Personen; Sig.= P- Wert; TTM= Trichotillomanie

5.1.3   Kontrollvariablen

5.1.3.1   BDI (Beck Depressions Inventar)

Nach Ausschluss der Personen mit klinisch depressiven Symptomen (siehe Kap. 4.2), wurden die beiden reduzierten Gruppen anhand ihrer Mittelwerte verglichen. In beiden Gruppen blieben alle Probanden unter 11 Summenpunkten, d.h. im unauffälligen Bereich. Allerdings unterscheidet sich der Mittelwert der Trichotillomanie- Gruppe (M= 5,16; SD= 2,941) bei zweiseitiger Testung auf dem 5%- Niveau, sehr signifikant (p= 0,001)   von dem der Kontrollgruppe mit (M= 2,22; SD= 2,992). Die Varianzenhomogenität nach Levene ist gegeben. Das Ergebnis ist in Tabelle 34 ausgewiesen.

Tabelle 34: *deskriptive und inferenzstatistische Darstellung des Mittelwertvergleichs von TTM- und Kontrollgruppe im BDI*

Gruppe	n	M	SD	Levene´s Test auf Varianzenhomogenität		T- Test	
				F	Sig.	t	Sig. (2-seitig)
TTM - Gruppe	32	5,16	2,941	0,019	0,890	3,961	0,000
Kontrollgruppe	32	2,22	2,992				

Legende: M= Mittelwert; n= Anzahl der Personen; SD= Standartabweichung; Sig.= P- Wert; TTM= Trichotillomanie

Der Summenwert des BDI wurde daraufhin nach Pearson mit BIS- 10, MFFT, HZI- K (Stufe) und FAIR interkorreliert. Getestet wurde zweiseitig auf 5%- Niveau und für beide Gruppen getrennt. Für die TTM- Gruppe ergaben sich keine signifikanten Korrelationen zwischen der Störvariable Depressivität und den abhängigen Variablen. In der Kontrollgruppe korrelierten der BDI- Summenwert und der Schweregrad der Zwanghaftigkeit (HZI- K- Stufe) signifikant mit r= .372 und p= 0,035. Da in der Kontrollgruppe die Werte von Zwanghaftigkeit und Depressivität unter denen der Trichotillomanie lagen, wird die vorliegende Korrelation beider Konstrukte als zufällig entstanden betrachtet, zumal beide Gruppen deutlich unter dem Cut- Off- Wert klinischer Relevanz einer Depression liegen (Anhang J).

5.1.3.2 TMT (Trail Making Test)

Die Erhebung hirnorganischer Fehlfunktionen erfolgte mit den beiden Teiltests TMT- A und TMT- B des Trail Making Test (TMT). Dabei wurde die Zeit als Effizienzfaktor hirnorganischer Funktionsfähigkeit gemessen. In beiden Gruppen erreichte keine Person das Kriterium beeinträchtigter Hirnfunktionsfähigkeit. In der Gruppe der TTM- Betroffenen lieferten 25 Personen (78,1%) perfekte- und sieben Personen (21,9%) normale Bearbeitungszeiten für den Teiltest A. Die Kontrollgruppe wies das gleiche Ergebnis auf. Im Teiltest B erreichten in der TTM- Gruppe 29 Personen (90,6%) perfekte und zwei Personen (6,25%) normale Bearbeitungszeiten. Für eine Person (3,15%) konnte kein Wert ermittelt werden. In der Kontrollgruppe wurden in 31 Fällen (96,85%) perfekte Zeiten erreicht. Eine Person (3,15%) blieb im normalen Zeitlimit Tabelle 35 gibt eine Übersicht der genannten deskriptiven Ergebnisse.

Tabelle 35: *deskriptive Darstellung der Ergebnisse für TMT- A und TMT- B*

TMT- A	TTM- Gruppe		Kontroll-gruppe		TMT- B	TTM- Gruppe		Kontroll- gruppe	
	n	%	n	%		n	%	n	%
Perfekt	25	78,1	25	78,1	Perfekt	29	90,6	31	96,85
Normal	7	21,9	7	21,9	Normal	2	6,25	1	3,15
Mäßig	0	0	0	0	Mäßig	0	0	0	0
Schwer	0	0	0	0	Schwer	0	0	0	0
Gesamt	32	100	32	100	Gesamt	31	96,85	32	100

Legende: n= Anzahl der Personen; TMT- A= Trail Making Test Version A; TMT- B= Trail Making Test Version

Der inferenzstatistische Vergleich der Stichprobenmittelwerte für den Teiltest A (TMT-A) ergab ein insignifikantes Ergebnis (Tabelle 36).

Tabelle 36: *inferenzstatistische Darstellung des Mittelwertvergleichs von TMT- A und TMT- B*

Prüfgrößen		n	M	SD	Levene´s Test auf Varianzenhomogenität		T- Test	
					F	Sig.	t	Sig. (2-eitig)
TMT- A	TTM	32	23,257	4,600	2,501	0,119	0,612	0,542
	KG	32	22,459	5,756				
TMT- B	TTM	32	52,597	8,982	2,519	0,118	3,213	0,002
	KG	32	44,997	10,495				

Legende: KG= Kontrollgruppe; M= Mittelwert; n= Anzahl der Personen; SD= Standartabweichung; Sig.= P- Wert; TMT- A= Trail Making Test Version A; TMT- B= Trail Making Test Version B; TTM= Trichotillomanie- Gruppe

Beide Gruppen unterscheiden sich nicht in der Bearbeitungszeit. Im Teiltest B (TMT- B) unterschied sich der Mittelwert der TTM- Gruppe (M= 52,597; SD= 8,982) signifikant (p= 0,002) vom Mittelwert der Kontroll-gruppe (M= 44,997; SD= 10,495) auf dem 5%- Niveau bei gegebener Varianzenhomogenität.

5.1.3.3   MWT- B (Mehrfachwahl Wortschatz Test- B)

Die Erhebung der Intelligenz der Versuchspersonen, erfolgte mit dem MWT- B (Mehrfachwahl Wortschatz Test- B). Das mittlere Intelligenzniveaus erreichte in der TTM-Gruppe einen Wert von 117,25 IQ- Punkten und in der Kontrollgruppe einen Wert von 118,88 IQ- Punkten. Tabelle 37 zeigt den deskriptiven Vergleich beider Gruppen. Das Mittel der Probanden beider Stichproben, kann somit als „hoch intelligent" bezeichnet werden (Lehrl, 1999).

Tabelle 37: *deskriptive Darstellung des Intelligenzniveaus beider Gruppen*

	n	M (IQ)	SD	Min.	Max.
Trichotillomanie- Gruppe	32	117,25	9,86	100	136
Kontrollgruppe	32	118,88	14,11	92	145

Legende: M (IQ)= Mittelwerte der Intelligenz; Min.= geringster Wert; Max.= größter Wert; n= Anzahl der Personen; SD= Standartabweichung

Die inferenzstatistische Prüfung beider Gruppen erfolgte über die mittleren Ränge für unabhängige Stichproben (Mann- Whitney U- Test). Beide Gruppen unterscheiden sich mit p= 0,734 nicht signifikant (5%- Niveau; zweiseitige Testung) in ihrem Intelligenzniveau wie Tabelle 38 zeigt.

Tabelle 38: *statistischer Vergleich des Intelligenzniveaus zwischen TTM- und Kontrollgruppe anhand der mittleren Ränge (Mann- Whitney U- Test)*

Gruppe	n	Mann- Whitney U- Test				
		mittlerer Rang	U	W	Z	Asymp. Sig. (2-seitig)
TTM- Gruppe	32	31,72	487,00	1915,00	-0,340	0,734
Kontrollgruppe	32	33,28				

Legende: Asymp. Sig.= zweiseitiger P- Wert für Z; M (IQ)= Mittelwert der Intelligenz; n= Anzahl der Personen; U= Prüfgröße des Mann- Whitney U- Test; W= Prüfgröße des Wilcoxon Rangsummentest; Z= Prüfgröße der Nullhypothese

5.2 Übergreifende Datenanalyse

Nachfolgender Ergebnisteil des Kapitels 5.2.1 bezieht sich auf die inferenzstatistischen Zusammenhänge des Schweregrades der Trichotillomanie mit den Konstrukten Impulsivität, kognitiver Arbeitsstil, Zwanghaftigkeit und Aufmerksamkeit. Anschließend werden in Kapitel 5.2.2 die inferenzstatistischen Zusammenhänge der Konstrukte Impulsivität, kognitiver Arbeitsstil, Zwanghaftigkeit und Aufmerksamkeit, untersucht und dargestellt.

5.2.1 Der Schweregrad der Trichotillomanie und andere Konstrukte

5.2.1.1 Schweregrad der Trichotillomanie und Impulsivität

Zur Überprüfung des inferenzstatistischen Zusammenhanges der Schweregrade der Trichotillomanie (PITS) mit der Impulsivität (Barratt Impulsiveness Scale) wurde eine univariate Varianzanalyse berechnet deren Ergebnisse in Tabelle 39 dargestellt sind.

Die Gruppeneinteilung der unabhängigen Variablen erfolgte nach dem Schweregrad der Trichotillomanie (df= 2; leicht, mäßig und schwer). In der „nichtplanenden Impulsivität" unterscheiden sich die Mittelwerte der Schwergrade leicht (M= 21,60), mäßig (M= 22,46) und schwer (M= 19,00) der PITS nicht signifikant (p= 0,335). Auch in der „kognitiven Impulsivität" wurden zwischen den Mittelwerten der Schweregrade (leicht, M= 27,00; mäßig, M= 26,33; schwer, M= 26,33) keine signifikanten Unterschiede nachgewiesen (p= 0,970). In der „motorischen Impulsivität" unterschieden sich die Schweregrade (leicht, M= 22,80; mäßig, M= 22,92; schwer, M= 28,00) der

Trichotillomanie ebenfalls nicht signifikant (p= 0,290) voneinander. Auch im Gesamt-wert der BIS blieben die Schweregrade der Trichotillomanie (leicht, M= 71,40; mäßig, M= 71,71; schwer, M= 73,33) insignifikant verschieden. Es wurde zweiseitig auf dem 5%- Niveau getestet. Patienten mit hoher Schweregradausprägung der Trichotilloma-nie sind in dieser Stichprobe nicht signifikant impulsiver als solche mit mäßiger oder geringer Ausprägung.

Tabelle 39: *deskriptive und inferenzstatistische Darstellung der Mittelwertsunterschiede für die einzelnen Schweregrade der Trichotillomanie bezüglich der Unterskalen der BIS*

BIS- Skalen	PITS	n	M	SD	Levene´s Test auf Varianzenhomogenität		ANOVA	
					F	Sig.	F	Sig.
Nichtplanende Impulsivität	Leicht	5	21,60	0,894	2,158	0,134	1,136	0,335
	Mäßig	24	22,46	4,118				
	Schwer	3	19,00	3,606				
Kognitive Impul-sivität	Leicht	5	27,00	6,205	1,505	0,239	0,310	0,970
	Mäßig	24	26,33	5,608				
	Schwer	3	26,33	2,082				
Motorische Im-pulsivität	Leicht	5	22,80	4,970	.145	0,866	1,293	0,290
	Mäßig	24	22,92	5,183				
	Schwer	3	28,00	6,245				
Gesamtwert	Leicht	5	71,40	11,014	.967	0,392	0,240	0,976
	Mäßig	24	71,71	13,455				
	Schwer	3	73,33	5,508				

Legende: M= Mittelwert; n= Anzahl der Personen; SD= Standartabweichung; F= Prüfgröße; Sig.= P- Wert für F

5.2.1.2 Schweregrad der Trichotillomanie und kognitiver Arbeitsstil

Um inferenzstatistisch zu prüfen ob der Schweregrad der Trichotillomanie den Arbeits-stil im MFFT (Matching Familiar Figure Test) beeinflusst, wurden die Mittelwerte der Schweregradausprägungen der PITS in einer univariaten Varianzanalyse verglichen deren Ergebnisse in Tabelle 40 dargestellt sind.

Tabelle 40: *deskriptive und inferenzstatistische Darstellung der Mittelwertunterschiede für die einzelnen Schweregrade der Trichotillomanie bezüglich des MFFT*

MFFT	PITS	n	M	SD	Levene´s Test auf Varianzenhomogenität		ANOVA	
					F	Sig.	F	Sig.
Gesamtfehler	Leicht	5	6,00	4,243	0,112	0,895	0,004	0,996
	Mäßig	24	5,83	4,697				
	Schwer	3	6,00	4,583				
Gesamtzeit	Leicht	5	62,84	18,673	0,762	0,476	0,356	0,703
	Mäßig	24	54,00	22,191				
	Schwer	3	54,02	18,469				

Legende: M= Mittelwert; n= Anzahl der Personen; SD= Standartabweichung; F= Prüfgröße; Sig.= P- Wert für F

Für den Gesamtfehler im MFFT ergaben sich für die Mittelwerte der Schweregrade leicht (M= 6,00), mäßig (M= 5,83) und schwer (M= 6,00) keine signifikanten Unterschiede (p= 0,996). Für die Gesamtzeit im MFFT wurden ebenfalls keine signifikanten (p= 0,703) Mittelwertunterschiede der Schweregrade leicht (M= 62,84), mäßig (M= 54,00) und schwer (M= 54,02) der PITS nachgewiesen. Getestet wurde zweiseitig auf dem 5%- Niveau.

5.2.1.3 Schweregrad der Trichotillomanie und Zwanghaftigkeit

Der Zusammenhang zwischen dem Schweregrad der Trichotillomanie (PITS) und dem „Schweregrad" der Zwanghaftigkeit, wurde über punktbiseriale Korrelationen der Unterskalen des Hamburger Zwangsinventar (HZI-K- A, HZI-K- B, HZI-K- C, HZI-K- D, HZI-K- E, HZI-K- F) und der „Schweregrad- Variablen" der PITS bestimmt. Tabelle 41 zeigt sie Ergebniskorrelationen.

Tabelle 41: *Punktbiseriale Korrelation der HZI- K- Positivskalen mit dem PITS- Schweregrad*

Positivskalen	PITS- Schweregrad	n	M	SD	Punktbiseriale Korrelation	
					Eta	Sig.
HZI-K- A	Nicht	27	1,96	0,518	0,119	0,516
	Positiv	5	1,80	0,447		
HZI-K- B	Nicht	27	2,00	0,480	0,293	0,104
	Positiv	5	1,60	0,548		
HZI- K- C	Nicht	32	1,94	0,504	n.b.	n.b.
	Positiv	0	0			

HZI- K- D	Nicht	31	1,97	0,482	0,339	0,057
	Positiv	1	1,00			
HZI- K- E	Nicht	31	1,97	0,482	0,339	0,057
	Positiv	1	1,00			
HZI- K- F	Nicht	28	1,93	0,539	0,048	0,796
	Positiv	4	2,00	0,000		

Legende: M= Mittelwert im PITS; n= Anzahl der Personen; n.b.= nicht berechnet; SD= Standartabweichung im PITS; Eta= punktbiserialer Koeffizient; Sig.= varianzanalytische Prüfung von Eta (r_{pbis})

Beide Erhebungsinstrumente korrelierten bei zweiseitiger Testung in keiner der HZI- K- Skalen signifikant auf dem 5%- Niveau. Inferenzstatistisch wurde der Zusammenhang von Schweregrad der Trichotillomanie und Zwanghaftigkeit, über die Kruskal- Wallis Varianzanalyse mittlerer Ränge untersucht. Die Prüfung der Nullhypothese erfolgt über Chi^2. Die mittleren Ränge der Schweregrade leicht (M_R= 17,90), mäßig (M_R= 16,96) und schwer (M_R= 10,50) der PITS (Psychiatric Institute Trichotillomania Scale), unterschieden sich mit p= 0,377 (df= 2, Chi^2= 1,95) nicht signifikant bzgl. der Zwanghaftigkeit gemessen mit dem HZI- K. Getestet wurde zweiseitig auf 5%- Niveau. Damit gibt es in dieser Stichprobe keinen bedeutsamen Zusammenhang zwischen dem Schweregrad der Trichotillomanie und der Zwanghaftigkeit einer Person.

5.2.1.4 Schweregrad der Trichotillomanie und Aufmerksamkeit

Die inferenzstatistische Überprüfung des Zusammenhangs von Aufmerksamkeit im FAIR (Frankfurter Aufmerksamkeits- Inventar) und Schweregrad der TTM der PITS (Psychiatric Institute Trichotillomanie Scale), erfolgte über eine univariate Varianzanalyse. Getestet wurde zweiseitig auf dem 5%- Niveau. Das Ergebnis ist in Tabelle 42 dargestellt. Für den Markierungswert (M) konnten keine signifikanten Unterschiede der Schweregrade (leicht, M= 4,00; mäßig, M= 4,08; schwer, M=3,33) der PITS festgestellt werden (p= 0,631). Auch im Leistungswert (L) waren die Schweregrade (leicht, M= 4,80; mäßig, M= 5,13; schwer, M= 5,67) der PITS nicht signifikant verschieden (p= 0,832). Im Qualitätswert (Q) wiesen die Schweregrade (leicht, M= 6,00; mäßig, M= 5,96; schwer, M= 6,00) der PITS ebenfalls keinen signifikanten Unterschiede auf (p= 0,999). Das gleiche Bild zeigte sich im Kontinuitätswert (K). Es wurden keine signifikanten Unterschiede zwischen den Schweregraden (leicht, M= 5,00; mäßig, M= 5,33; schwer, M= 5,67) der PITS festgestellt (p= 903). In vorliegender Stichprobe hat der

Schweregrad der Trichotillomanie keinen Einfluss auf die Aufmerksamkeit im FAIR. (Zweiseitiger Test auf 5%- Niveau).

Tabelle 42: *deskriptive und inferenzstatistische Darstellung der Mittelwertsunterschiede für die einzelnen Schweregrade der Trichotillomanie bezüglich des FAIR*

FAIR- Skalen	PITS	n	M	SD	Levene´s Test auf Varianzenhomogenität		ANOVA	
					F	Sig.	F	Sig.
Markierungswert	Leicht	5	4,00	2,345	2,277	0,103	0,468	0,631
(M)	Mäßig	24	4,08	1,018				
	Schwer	3	3,33	1,244				
Leistungswert	Leicht	5	4,80	2,280	0,094	0,910	0,185	0,832
(L)	Mäßig	24	5,13	1,849				
	Schwer	3	5,67	2,309				
Qualitätswert	Leicht	5	6,00	2,449	1,031	0,369	0,001	0,999
(Q)	Mäßig	24	5,96	2,545				
	Schwer	3	6,00	2,000				
Kontinuitätswert	Leicht	5	5,00	2,550	0,035	0,965	0,102	0,903
(K)	Mäßig	24	5,33	1,949				
	Schwer	3	5,67	2,309				

Legende: M= Mittelwert; n= Anzahl der Personen; SD= Standartabweichung; F= Prüfgröße; Sig.= P- Wert für F

5.2.2 Andere Konstruktzusammenhänge

5.2.2.1 Zwanghaftigkeit und Impulsivität

Als statistisches Zusammenhangsmaß der beiden abhängigen Variablen Zwanghaftigkeit und Impulsivität, wurde die Produkt- Moment- Korrelation zwischen dem Ausmaß der Zwanghaftigkeit (HZI- K- Stufe) und den BIS- Gruppen „nichtplanende Impulsivität", „motorische Impulsivität", „kognitive Impulsivität" und BIS- Gesamtwert berechnet. In nachfolgender Tabelle 43 sind die Korrelationen für die beiden Vergleichsgruppen, aufgeführt.

Tabelle 43: *Produkt- Moment Korrelationen zwischen der Höhe der Zwanghaftigkeit (HZI- K- Stufe) und den Skalen der BIS für die TTM- und Kontrollgruppe*

HZI-K- Stufe \ BIS		Nichtplanende Impulsivität	Motorische Impulsivität	Kognitive Impulsivität	BIS- Gesamtwert
TTM- Gruppe	Korrelation	0,226	0,285	0,326	0,332
n= 32	Sig. (2-seitig)	0,213	0,114	0,068	0,064
Kontrollgruppe	Korrelation	0,009	0,316	-0,019	0,138
n= 32	Sig. (2-seitig)	0,961	0,078	0,919	0,450

In der Trichotillomanie- Gruppe (n= 32) korrelierte die Skala „HZI- K- Stufe" mit keiner der Skalen der BIS (Barratt Impulsiveness Scale) signifikant. Auch für die Kontrollgruppe (n= 32) konnte keine signifikante Korrelation zwischen der Höhe der Zwanghaftigkeit (HZI-K- Stufe) und den BIS- Skalen festgestellt werden. Es wurde zweiseitig auf dem 5%- Niveau getestet.

5.2.2.2 Zwanghaftigkeit und kognitiver Arbeitsstil

Die Betrachtung des Zusammenhanges der Höhe der Zwanghaftigkeit (HZI- K- Stufe) und den „mittleren Fehlern" sowie „mittleren Latenzzeiten" des Matching Familiar Figure Test (MFFT) erfolgte über Produkt- Moment- Korrelationen. Die Korrelationen wurden für beide Vergleichsgruppen getrennt durchgeführt (TTM- Gruppe, n= 32; Kontrollgruppe, n= 32). Die Ergebnisse zeigt Tabelle 44. Für keine der beiden Vergleichsgruppen konnte eine signifikante Korrelation zwischen der Höhe der Zwanghaftigkeit (HZI-K Stufe) und den „mittleren Fehlern" sowie „mittleren Latenzzeiten" festgestellt werden. Ein tendenzieller Zusammenhang zwischen Fehlerwert, Latenzzeit und Höhe der Zwanghaftigkeit scheint jedoch in der TTM- Gruppe vorzuliegen.

Tabelle 44: *Produkt- Moment Korrelationen zwischen der Höhe der Zwanghaftigkeit (HZI- K- Stufe) und den Skalen des MFFT für die TTM- und Kontrollgruppe*

HZI-K- Stufe	MFFT	Mittlerer Fehlerwert	Mittlere Latenzzeit
TTM- Gruppe	Korrelation	0,343	-0,341
n= 32	Sig. (2-seitig)	0,055	0,056
Kontrollgruppe	Korrelation	-0,214	0,222
n= 32	Sig. (2-seitig)	0,239	0,221

5.2.2.3 Zwanghaftigkeit und Aufmerksamkeit

Der Zusammenhang der beiden abhängigen Variablen Zwanghaftigkeit (HZI- K- Stufe) und Aufmerksamkeit (FAIR) wurde ebenfalls anhand Produkt- Moment- Korrelationen geprüft. Die Berechnungen erfolgten für beide Vergleichsgruppen getrennt. Getestet wurde zweiseitig auf dem 5%- Niveau. In keiner der beiden Vergleichsgruppen korrelierten die Skalen des FAIR signifikant mit der Höhe der Zwanghaftigkeit (HZI- K- Stufe). Tabelle 45 zeigt die Korrelationen zwischen Zwanghaftigkeit und Aufmerksamkeit.

Tabelle 45: *Produkt- Moment- Korrelation zwischen der Höhe der Zwanghaftigkeit (HZI- K- Stufe) und den Skalen des FAIR für die TTM- und Kontrollgruppe*

FAIR HZI- K- Stufe		Markierungswert (M)	Leistungswert (L)	Qualitätswert (Q)	Kontinuitätswert (K)
TTM- Gruppe	Korrelation	-0,278	-0,110	-0,086	-0,145
n= 32	Sig. (2-seitig)	0,124	0,549	0,641	0,427
Kontrollgruppe	Korrelation	-0,033	-0,282	-0,227	-0,133
n= 32	Sig. (2-seitig)	0,856	0,118	0,211	0,468

5.2.2.4 Impulsivität und Aufmerksamkeit

Die inferenzstatistische Berechnung des Zusammenhangs der Unterskalen der abhängigen Variablen Impulsivität und Aufmerksamkeit erfolgte über Produkt- Moment Korrelationen für beide Versuchsgruppen getrennt. In der TTM- Gruppe ergab sich bei zweiseitigem Testen auf 5%- Niveau, ein signifikant negativer Zusammenhang zwischen der Skala der „kognitiven Impulsivität" der Barratt Impulsiveness Scale (BIS) und dem Markierungswert des Frankfurter Aufmerksamkeits- Inventar (FAIR) von r= -.354 und p= 0,047. Weiterhin korrelierte die Skala „motorische Impulsivität", negativ mit der Skala Markierungswert des FAIR (r= -.407; p= 0,021). Tabelle 46 zeigt die Interkorrelationsmatrix für die TTM- Gruppe.

Tabelle 46: *Produkt- Moment Korrelationen zwischen den Subskalen der BIS und dem FAIR in der Tri-chotillomanie- Gruppe (n= 32)*

BIS \ FAIR		Markierungs-wert (M)	Leistungswert (L)	Qualitätswert (Q)	Kontinuitäts-wert (K)
Nichtplanende Impulsivität	Korrelation	-0,048	0,049	0,024	0,004
	Sig.(2-seitig)	0,796	0,790	0,894	0,982
Motorische Impulsivität	Korrelation	-0,407*	-0,295	-0,269	-0,337
	Sig.(2-seitig)	0,021	0,102	0,136	0,059
Kognitive Impulsivität	Korrelation	-0,354*	-0,304	-0,181	-0,331
	Sig.(2-seitig)	0,047	0,090	0,321	0,064
BIS- Gesamtwert	Korrelation	-0,341	-0,242	-0,185	-0,285
	Sig.(2-seitig)	0,056	0,183	0,310	0,114

Legende: * = signifikante Korrelation auf 5%- Niveau (2-seitig)

Für die Kontrollgruppe (Tabelle 47) ergaben sich keine signifikanten Zusammenhänge zwischen den Subskalen der abhängigen Variablen Impulsivität (BIS) und Aufmerksamkeit (FAIR).

Tabelle 47: *Produkt- Moment Korrelationen zwischen den Subskalen der BIS und dem FAIR in der Kontrollgruppe (n= 32)*

BIS \ FAIR		Markierungs-wert (M)	Leistungswert (L)	Qualitätswert (Q)	Kontinuitäts-wert (K)
Nichtplanende Impulsivität	Korrelation	0,024	-0,061	-0,022	-0,074
	Sig.(2-seitig)	0,896	0,741	0,903	0,688
Motorische Impulsivität	Korrelation	0,073	-0,154	0,114	-0,118
	Sig.(2-seitig)	0,691	0,399	0,534	0,520
Kognitive Impulsivität	Korrelation	-0,174	-0,092	-0,079	-0,177
	Sig.(2-seitig)	0,340	0,617	0,666	0,333
BIS- Gesamtwert	Korrelation	-0,037	-0,140	0,005	-0,169
	Sig.(2-seitig)	0,840	0,446	0,979	0,356

5.2.2.5 Impulsivität und kognitiver Arbeitsstil

Für die Überprüfung des Zusammenhanges der beiden abhängigen Variablen Impulsivität und Arbeitsstil wurden zweiseitige Produkt- Moment- Korrelationen berechnet. Die Auswertung erfolgte für beide Versuchsgruppen getrennt. In der TTM- Gruppe korre-

lierte der „mittlere Fehler" des MFFT signifikant (r= .423; p= .016) mit der „nichtplanenden Impulsivität" und sehr signifikant mit den Skalen „motorische Impulsivität" (r=
.729; p< .001), „kognitive Impulsivität" (r= .673, p< .001) und dem BIS- Gesamtwert
(r= .731; p< .001). Negative Korrelationen ließen sich zwischen der „mittleren Latenzzeit" des MFFT und den Skalen „nichtplanende Impulsivität" (r= -.370; p= 0,016), „motorische Impulsivität" (r= -.559; p= 0,001), „kognitive Impulsivität" (r= -.532; p=
.002) und dem BIS- Gesamtwert (r= -.581; p< .001) nachweisen. Die angeführten
Ergebnisse zeigt Tabelle 48.

Tabelle 48: *Produkt- Moment Korrelation zwischen den Subskalen der BIS und den Skalen des MFFT in der TTM- Gruppe (n= 32)*

MFFT	BIS	Nichtplanende Impulsivität	Motorische Impulsivität	Kognitive Impulsivität	BIS- Gesamtwert
mittlerer Fehler	Korrelation	0,423*	0,729**	0,673**	0,731**
	Sig. (2-seitig)	0,016	0,000	0,000	0,000
mittlere Latenzzeit	Korrelation	-0,370*	-0,559**	-0,532**	-0,581**
	Sig. (2-seitig	0,037	0,001	0,002	0,000

Legende: * = signifikante Korrelation auf 5%- Niveau (2-seitig); **= signifikante Korrelation auf 1%- Niveau

In der Kontrollgruppe korrelierten weder die mittlere Latenzzeit noch die mittleren Fehler des MFFT signifikant mit einer Skala der BIS (Tabelle 49).

Tabelle 49: *Produkt- Moment Korrelation zwischen den Subskalen der BIS und den Skalen des MFFT in der Kontrollgruppe (n= 32)*

MFFT	BIS	Nichtplanende Impulsivität	Motorische Impulsivität	Kognitive Impulsivität	BIS- Gesamtwert
mittlerer Fehler	Korrelation	0,142	0,022	0,215	0,173
	Sig. (2-seitig)	0,437	0,903	0,238	0,342
mittlere Latenzzeit	Korrelation	0,145	0,232	0,147	0,238
	Sig. (2-seitig	0,429	0,202	0,422	0,190

5.2.2.6 Aufmerksamkeit und kognitiver Arbeitsstil

Der Zusammenhang der beiden abhängigen Variablen Aufmerksamkeit (FAIR) und kognitiver Arbeitsstil (MFFT) wurde ebenfalls anhand Produkt- Moment- Korrelationen-geprüft.

Tabelle 50: *Produkt- Moment Korrelationen zwischen den Subskalen des FAIR und dem MFFT in der TTM- Gruppe (n= 32)*

MFFT \ FAIR		Markierungs-wert (M)	Leistungswert (L)	Qualitätswert (Q)	Kontinuitäts-wert (K)
mittlerer	Korrelation	-0,284	-0,351*	-0,334	-0,394*
Fehler	Sig.(2-seitig)	0,116	0,049	0,061	0,026
mittlere	Korrelation	0,038	0,194	0,313	0,244
Latenzzeit	Sig.(2-seitig)	0,837	0,288	0,081	0,178

Legende: * = signifikante Korrelation auf 5%- Niveau (2-seitig)

Die Berechnungen erfolgten für die beiden Vergleichsgruppen getrennt. Getestet wurde zweiseitig auf dem 5%- Niveau. Tabelle 50 zeigt die Interkorrelationsmatrix für die Trichotillomanie- Gruppe. Hier korreliert der „mittlere Fehler" des MFFT signifikant negativ mit dem Leistungswert (r= -.351; p= .049) und dem Kontinuitätswert (r= -.394; p= .026) des FAIR.

Für die Kontrollgruppe konnten keine signifikanten Zusammenhänge zwischen den Subskalen des FAIR und dem MFFT nachgewiesen werden (Tabelle 51).

Tabelle 51: *Produkt- Moment Korrelationen zwischen den Subskalen des FAIR und dem MFFT in der Kontrollgruppe (n= 32)*

MFFT \ FAIR		Markierungs-wert (M)	Leistungswert (L)	Qualitätswert (Q)	Kontinuitäts-wert (K)
mittlerer	Korrelation	-0,318	0,042	-0,174	-0,047
Fehler	Sig.(2-seitig)	0,077	0,818	0,342	0,800
mittlere	Korrelation	0,124	-0,041	0,277	0,043
Latenzzeit	Sig.(2-seitig)	0,499	0,823	0,211	0,814

6   Diskussion

Ziel dieser Untersuchung war der Vergleich einer Gruppe Trichotillomanie- Betroffener mit einer klinisch unauffälligen Kontrollgruppe hinsichtlich der Konstrukte Impulsivität, kognitiver Arbeitsstil, Zwanghaftigkeit und Aufmerksamkeit. Da es sich nach DSM- IV (American Psychiatric Association, 1994) beim Störungsbild der Trichotillomanie um eine Impulskontrollstörung handelt, wurden Differenzen bezüglich der Ausprägung der Impulsivität als relativ stabiler Persönlichkeitsdisposition erwartet. Die Impulsivität einer Person könnte sich in einem impulsiven Arbeitsstil widerspiegeln. Im Falle des kognitiven Arbeitsstil (Kagan, 1964) sind zwischen den Gruppen verschiedene Lösungsstrategien denkbar. Zudem stellte sich die Frage nach der Zwanghaftigkeit der Untersuchungsteilnehmer. Zum einen werden für TTM- Betroffene Komorbiditäten zwischen 13% bis 18% zu Zwangstörungen berichtet (Christenson et al., 1991a; Schlosser et al., 1994; Christenson, 1995), zum anderen stellt die Compulsivität (Zwanghaftigkeit) im Modell der Obsessive- Compulsive Spectrum Disorders (Hollander & Wong, 1995) den Gegenpol zur Impulsivität dar. Außerdem sollte untersucht werden, ob sich die Impulsivität einer Person auf ihre Aufmerksamkeitsleistungen auswirkt.

Die erste Hypothese zu den Gruppenunterschieden bezüglich der Impulsivität kann nur für das Teilkonstrukt der nichtplanenden Impulsivität bestätigt werden. Dabei weist die Kontrollgruppe einen deutlich höheren mittleren Rang auf, d.h. die TTM- Patienten sind der Kontrollgruppe bezüglich zukunftsorientierter Problemlösefähigkeit überlegen. Dieses Ergebnis könnte u.a. dafür sprechen, dass TTM- Patienten in höherem Maße als Kontrollpersonen mögliche Ereignisse im Leben einkalkulieren und bereits im Vorfeld Strategien entwickeln, um möglichst ohne größere Probleme verschiedenen Situationen gewachsen zu sein. Die Tatsache, dass sich alle Patienten zum Zeitpunkt der Befragung in einer Selbsthilfegruppe befanden kann als Hinweis einer besseren Problemlösefähigkeit in dieser Gruppe gesehen werden. Die mittleren Ränge der kognitiven Impulsivität unterscheiden sich zwischen beiden Gruppen nicht signifikant. Beide Vergleichsgruppen zeigen einen ähnlichen Umgang in der Problembewältigung bzw. Entscheidungsfindung des Alltags. Allerdings scheint es eher schwierig kognitive Prozesse anhand von Selbstbeurteilungsinstrumenten zu erfassen (Barratt, 1966). Auch bezüglich der motorischen Impulsivität sind die Unterschiede zwischen der gesunden Kontrollgruppe und der TTM- Gruppe nicht signifikant. Dieses Ergebnis widerspricht dem

Selbstbericht von fast 91% der befragten TTM- Betroffenen, die in den Diagnosekriterien einen Haarausreißimpuls, d.h. eine auffällig motorische Komponente ihres Verhaltens angeben.

Fazit: Die Ergebnisse zeigen keine höhere Impulsivität der Trichotillomanie- Patienten, was u.a. darauf zurückzuführen sein könnte, dass es sich bei der vorliegenden Stichprobe um eine Gruppe mit überwiegend niedrig bis mäßigem Schweregrad (91%) der Trichotillomanie handelte.

Der Vergleich beider Gruppen bezüglich des Arbeitsstils mit Hilfe des Matching Familiar Figure Test (MFFT) erbringt kein signifikant verschiedenes Ergebnis. Die Hypothese zu Gruppenunterschieden kann nicht aufrecht erhalten werden. Anhand des deskriptiven Vergleichs der Mittelwerte wird deutlich, dass sich beide Gruppen in ihren Latenzzeiten kaum unterscheiden. In den Fehlerraten ist eine Tendenz zu mehr Fehlern in der TTM-Gruppe zu erkennen. Dies lässt sich auch durch den inferenzstatistischen Vergleich belegen.

Fazit: Signifikante Gruppenunterschiede im kognitiven Arbeitsstil beider Gruppen sind nicht nachweisbar. Damit ist dieses Ergebnis dem anderer Studien vergleichbar (z.B. Stanley et al., 1997). Eine Differenzierung zwischen impulsivem und reflexivem Arbeitsstil ist aufgrund vorliegender Ergebnisse nicht möglich.

Die Hypothese zu Unterschieden in der Zwanghaftigkeit beider Gruppen kann nicht bestätigt werden. Es zeigt sich, dass in der Patientengruppe tendenziell mehr Personen als zwanghaft eingestuft werden, und dass in der Kontrollgruppe keine Gedankenzwänge (HZI- K- E) bzw. die zwanghafte Vorstellung sich ein oder anderen ein Leid zuzufügen (HZI- K- F) berichtet werden. Dennoch gelten bei der gesunden Kontrollgruppe auch 18,75% als hoch zwanghaft. Möglicherweise ist dieses Ergebnis dem Hamburger- Zwangsinventar- K (dessen Validität bzw. Diskriminierungsfähigkeit zwischen zwanghaft und nichtzwanghaft) anzulasten, dessen Items zur Erfassung der Zwanghaftigkeit oft so allgemein gehalten sind, dass ihnen mit großer Wahrscheinlichkeit zugestimmt wird (z.B. „Räumen sie ihre Wohnung auf bevor Sie diese verlassen?" oder „Haben Sie schon einmal Treppenstufen gezählt?"). Zudem wird der Bezug der Zwangssymptomatik auf die letzten vier Wochen oft übersehen.

Fazit: Trichotillomanie- Betroffene sind in dieser Stichprobe nicht signifikant zwanghafter als gesunde Kontrollpersonen. Auch die Überlegung, dass sich TTM- Betroffene aufgrund ihres Hanges zur „Haarsymmetrie" als zwanghafter erweisen könnten, musste verworfen werden. Dieses Ergebnis deckt sich mit dem Befund von Tükel et al. (2001), die ebenfalls keine erhöhte Zwanghaftigkeit bei TTM- Patienten feststellen konnten.

Die Aufmerksamkeitsleistungen der TTM- Gruppe unterscheiden sich in keiner der vier Aspekte des Frankfurter Aufmerksamkeits- Inventars (FAIR) signifikant von denen der Kontrollgruppe. Bezüglich des Leistungs-, Qualitäts- und Kontinuitätswertes liegen die Mittelwerte der TTM- Patienten unter denen der Kontrollgruppe, d.h. hier zeigen sie schlechtere Leistungen. Diese Tendenz wird am deutlichsten für den Leistungswert (also der Menge der konzentriert bearbeiteten Items) sichtbar, welcher dem angestrebten Signifikanzniveau sehr nahe kommt. Es bleibt auch bezüglich des Konzeptes der Aufmerksamkeit in der vorliegenden Studie ungeklärt, ob Personen, die an Trichotillomanie erkrankt sind, generell ein Defizit in diesem Bereich zeigen, was vor dem Hintergrund einer größeren Impulsivität plausibel wäre.

Fazit: Trichotillomanie- Betroffene unterscheiden sich in dieser Untersuchung gegenüber der Kontrollgruppe nicht signifikant in ihren Aufmerksamkeitsleistungen.

Die Ergebnisse der univariaten Varianzanalyse zwischen den Schweregradgruppen der Psychiatric Institute Trichotillomania Scale (PITS) und den drei Impulsivitätsbereichen (nichtplanend, kognitiv und motorisch) der Barratt Impulsiveness Scale (BIS) sprechen gegen einen Zusammenhang von Schweregrad der Trichotillomanie und Impulsivität. In keiner der Skalen der BIS unterscheiden sich die Schweregradstufen signifikant voneinander. Die größte Differenz der Mittelwerte zeigt sich in der motorischen Impulsivität; die Ausprägung ist tendenziell für schwer beeinträchtigte TTM- Patienten am stärksten. Die beiden anderen Impulsivitätsbereiche weisen keine Trends in eine bestimmte Richtung auf. Die ungleiche Verteilung der Schweregrade stellt jedoch eine Interpretation der vorliegenden Ergebnisse stark in Frage; die Teilstichprobengröße der schwer beeinträchtigten Personen (n= 3) ist zu gering.

Fazit: In vorliegender Stichprobe sind Personen mit hoher Schweregradausprägung der Trichotillomanie nicht signifikant impulsiver als solche mit mäßiger oder geringer Ausprägung.

Auch bezüglich des kognitiven Arbeitsstils unterscheiden sich die nach ihrem Schweregrad eingeteilten TTM- Betroffenen nicht. Weder für die Gesamtfehlerzahl noch für die Gesamtzeit des Matching Familiar Figure Test (MFFT) werden die Unterschiede zwischen den Gruppen signifikant.

Fazit: In der vorliegenden Studie ist der Arbeitsstil einer Person nicht von deren Schweregrad der Trichotillomanie abhängig. Stark beeinträchtigte Personen weisen keinen impulsiveren Arbeitsstil auf. Die geringe Anzahl von drei schwer beeinträchtigten TTM- Patienten spricht allerdings gegen eine Verallgemeinerung der Ergebnisse.

Die Ergebnisse der punktbiserialen Korrelation der verschiedenen Zwänge (Kontrollzwang, Wasch- und Putzzwang, Ordnungszwang, Zähl- und Berührungszwang, Gedankenzwang, zwanghafte Vorstellung sich oder anderen ein Leid zuzufügen) mit den Schweregraden der Trichotillomanie werden in keinem der Fälle signifikant auf dem 5%- Niveau. Ein deutlicher Trend in Richtung Signifikanzniveau zeigt sich für den Zähl- / Berührungs- und Gedankenzwang: je stärker der Schweregrad der Beeinträchtigung von TTM- Patienten, desto eher sind Zähl-/ Berührungs- und Gedankenzwänge zu erwarten. Die Kontroll-, Wasch- und Putzzwänge bzw. die zwanghafte Vorstellung sich oder anderen ein Leid zuzufügen scheinen weitgehend unabhängig vom Schweregrad der Beeinträchtigung aufzutreten. Kritisch anzumerken sind auch hier geringe Stichprobengrößen von n= 1 in den Skalen HZI- K- D, HZI- K- E und HZI- K- F die keine repräsentativen Aussagen zulassen.

Fazit: In vorliegender Studie lässt sich kein Zusammenhang zwischen dem Schweregrad der Trichotillomanie und der Zwanghaftigkeit einer Person nachweisen.

Das Ergebnis der univariaten Varianzanalyse zwischen den verschiedenen Schweregraden der PITS und den erfassten Aufmerksamkeitsleistungen im FAIR (Markierungswert, Leistungswert, Qualitätswert und Kontinuitätswert) wird nicht signifikant. Es gibt auch keine Tendenz in eine bestimmte Richtung.

Fazit: Es wird davon ausgegangen, dass die Ausprägung des Schwergrades in vorliegender Studie keine Auswirkung auf die Aufmerksamkeitsleistung hat.

Die verschiedenen Subskalen der abhängigen Variable Impulsivität zeigen weder in der TTM- noch in der Kontrollgruppe einen signifikanten Zusammenhang mit der abhängigen Variablen Zwanghaftigkeit. Ein höherer Impulsivitätsscore ist nicht generell von höherer Zwanghaftigkeit begleitet. In der TTM- Gruppe zeigen sich für die kognitive Impulsivität (eine schnelle Wahrnehmung und Entscheidungsbereitschaft) sowie den BIS- Gesamtwert tendenziell positive Zusammenhänge zur Zwanghaftigkeit. In der Kontrollgruppe ist diese Tendenz nicht zu beobachten. Hier sind die Korrelationen von nichtplanender und kognitiver Impulsivität nahe Null zur Zwanghaftigkeit.

Fazit: Die Ergebnisse sprechen für einen tendenziell positiven Zusammenhang von Zwanghaftigkeit und Impulsivität bei Trichotillomanie- Betroffenen. Betrachtet man die Konstrukte Zwanghaftigkeit und Impulsivität als Gegenpole eines eindimensionalen Kontinuums, wie es von Hollander & Wong (1995) im Modell der OCSD propagiert wird, sollten beide Konstrukt negativ oder nicht miteinander korrelieren. Der vorgefundene positive Trend von Impulsivität und Zwanghaftigkeit spricht gegen eine Annahme dieser Vorstellungen. Auch Hollander & Rosen (2000) machen darauf aufmerksam, dass bei fast allen Störungsbildern dieses Kontinuums sowohl compulsive als auch impulsive Aspekte zu beobachten sind. Stein (2000) beobachtet bei Spielsucht, Kleptomanie, zwanghafter Persönlichkeitsstörung und Trichotillomanie ebenfalls sowohl compulsive als auch impulsive Verhaltensauslösung.

Im Vergleich der Konstrukte Zwanghaftigkeit und kognitiver Arbeitsstil (erfasst über die mittleren Fehler und Latenzzeiten) ergeben sich keine signifikanten Korrelationen. Man kann aber tendenziell von einem Zusammenhang beider Konstrukte ausgehen. Zwanghaftigkeit korreliert negativ mit der Latenzzeit und positiv mit den Fehlerwerten.

Fazit: Der kognitive Arbeitsstil scheint in vorliegender Studie tendenziell von der Zwanghaftigkeit einer Person beeinflusst zu werden.

Die Konstrukte der Zwanghaftigkeit und der Aufmerksamkeit scheinen in keinem größeren Zusammenhang zu stehen. Zumindest ergeben sich keine signifikanten Korrelationen der verschiedenen Aufmerksamkeitsaspekte (Markierungswert, Leistungswert, Qualitätswert, Kontinuitätswert) mit der Zwanghaftigkeit. Allerdings weisen sowohl in der Trichotillomanie- Gruppe als auch in der Kontrollgruppe sämtliche Korrelationen ein negatives Vorzeichen auf. Dies könnte bedeuten, dass mit einer höheren Zwanghaftigkeit tendenziell ein Verlust in den Aufmerksamkeitsleistungen einhergeht.

Fazit: In vorliegender Studie gibt es keinen Zusammenhang zwischen Zwanghaftigkeit und Aufmerksamkeit.

Die Konstrukte der Impulsivität und Aufmerksamkeit weisen für die Trichotillomanie-Patienten bezüglich motorischer sowie kognitiver Impulsivität signifikante negative Zusammenhänge mit dem Markierungswert des Frankfurter Aufmerksamkeits- Inventars (FAIR) auf. Mit anderen Worten, je stärker die Individuen zu Handlungen neigen ohne über mögliche Konsequenzen nachzudenken (motorische Impulsivität) bzw. je schneller ihre Wahrnehmung und Entscheidungsbereitschaft (kognitive Impulsivität) ist, desto weniger sind sie in der Lage, die Instruktion des FAIR zu befolgen (desto kleiner ist also der Markierungswert). Die beiden Teilbereiche der Impulsivität korrelieren durchweg negativ, aber nicht signifikant mit den anderen Aufmerksamkeitsleistungen des FAIR (Leistungswert, Qualitätswert und Kontinuitätswert), so dass zumindest tendenziell eine größere motorische und kognitive Impulsivität die Aufmerksamkeitsleistungen zu mindern scheinen. Eine Ausnahme bildet die nichtplanende Impulsivität. Sämtliche Korrelationen mit den Aufmerksamkeitsleistungen liegen nahe Null. Nichtplanende Impulsivität steht in keinem Zusammenhang mit den Aufmerksamkeitsleistungen. In der Kontrollgruppe lässt sich kein Zusammenhanges zwischen den Impulsivitätsbereichen und den Aufmerksamkeitsleistungen feststellen, so dass man sagen kann, dass in der Kontrollgruppe (Studenten) Impulsivität und Aufmerksamkeit unabhängig voneinander sind.

Fazit: Tendenziell ist in der Trichotillomanie- Gruppe ein Verlust der Aufmerksamkeitsleistungen bei steigender Impulsivität zu erwarten, welcher jedoch unabhängig vom Schweregrad der Trichotillomanie zu sein scheint (s.o. Schweregrad der TTM und Impulsivität sowie Schweregrad der TTM und Aufmerksamkeit).

Für den Zusammenhang zwischen Impulsivität und kognitivem Arbeitsstil in der TTM-Gruppe ergeben sich über alle Impulsivitätsbereiche signifikante Korrelationen mit dem kognitiven Arbeitsstil, der über mittlere Fehler und mittlere Latenzzeiten erfasst werden. TTM- Patienten machen mit größer werdender Impulsivität mehr Fehler und benötigen eine geringere Latenzzeit in der Aufgabenbearbeitung. Dieser Zusammenhang beider Konstrukte scheint auch hier ein reines Merkmal der TTM- Gruppe zu sein. In der Kontrollgruppe gibt es keine signifikanten Korrelationen zwischen der Impulsivität und dem kognitiven Arbeitsstil, so dass man hier im Allgemeinen nicht von einem Zusammenhang beider Konstrukte sprechen kann.

Fazit: Obwohl sich beide Vergleichsgruppen anhand ihrer Impulsivität und im Arbeitsstil nicht unterscheiden (s.o.), ist ein signifikanter Zusammenhang von Impulsivität und kognitivem Arbeitsstil innerhalb der TTM- Gruppe gegeben.

Für den Zusammenhang der beiden abhängigen Variablen Aufmerksamkeit und kognitiver Arbeitsstil zeigen sich ebenfalls differenzierende Gruppenunterschiede. So korrelieren die mittleren Fehler des MFFT in der TTM- Gruppe negativ mit den Aufmerksamkeitsskalen Leistungswert (Anzahl der konzentriert bearbeiteten Items) und Kontinuitätswert (kontinuierlich aufrechterhaltene Konzentration) des FAIR. Bei abnehmender Konzentration steigen offenbar die mittleren Fehlerzahlen. Für die Kontrollgruppe konnten keine signifikanten Zusammenhänge zwischen den Subskalen der FAIR und des MFFT nachgewiesen werden.

Fazit: Aufmerksamkeit und kognitiver Arbeitsstil korrelieren nur in TTM- Gruppe signifikant. Unklar bleibt auch hier, durch welche Drittvariable dieses Ergebnis beeinflusst wird, da sich die beiden Vergleichsgruppen anhand ihrer Mittelwerte (s.o.) weder in den Aufmerksamkeit noch im Arbeitsstil unterscheiden.

In vorliegender Studie kann keine Hypothese zu Unterschieden beider Vergleichsgruppen bestätigt werden. Beide Gruppen unterscheiden sich weder in ihrer Impulsivität, dem kognitiven Arbeitsstil, der Zwanghaftigkeit oder der Aufmerksamkeit. Wie repräsentativ diese Ergebnisse für eine Verallgemeinerung der Aussagen sind bleibt offen. Bei der TTM- Gruppe handelte es sich zu einem Großteil um Personen mit nur geringer oder mäßiger Ausprägung des Schweregrades der TTM. Ein Vergleich der Schweregradausprägung innerhalb der TTM- Gruppe erbrachte keine weitere Differenzierung der Aussagen bezüglich der vier Konstrukte. Allerdings ist die Verteilung der Schweregrade in der Gruppe sehr heterogen. Eine Untersuchung von mehr Betroffenen mit hoher Schweregradausprägung sollte vergleichend hinzugezogen werden. Möglicherweise werden dadurch die Ergebnisse beeinflusst. Dafür sprechen die tendenziell positiven Zusammenhänge zwischen der Zwanghaftigkeit und der Impulsivität wie auch zwischen der Impulsivität und der Aufmerksamkeit. Der Zusammenhang von Impulsivität und kognitivem Arbeitsstil wird innerhalb der TTM- Gruppe signifikant. Dies deutet darauf hin, dass sich die Personen innerhalb der TTM- Gruppe in ihrer Impulsivität und dem damit verbundenen impulsiven Arbeitsstil unterscheiden. Möglicherweise wurden aber andere Drittvariablen übersehen. Depressionen wurden als Störvariable ausgeschlossen. Auch wenn sich beide Vergleichsgruppen immer noch signifikant in ihrer Depressivität unterschieden, konnte in vorliegender Studie kein korrelativer Zusammenhang zwischen Depressivität, Impulsivität, Arbeitsstil, Zwanghaftigkeit und Aufmerksamkeit festgestellt werden. Auch die verwendeten psychometrischen Instrumente können Ursache von Fehlerquellen sein. So wurden die Normierung sowie die Gütekriterien der deutschen Übersetzung der Barratt Impulsiveness Scale (Herpertz es al.) noch nicht veröffentlicht. Die tendenzielle Korrelation der Impulsivitätsskala mit dem Hamburger Zwangsinventar (Klepsch et al., 1993) zeigt, dass in mindestens einem der Instrumente mit einer mangelnden kriteriumsbezogenen Validität zu rechnen ist. Das HZI- K wurde weiter oben kritisiert. Aus Mangel an inhaltlicher Validität der verwendeten Items, ist dieses Testverfahren für nachfolgende Studien abzulehnen. Bei erneuter Überprüfung der Fragestellung sollten andere Erhebungsinstrumente verwendet werden. Die Untersuchungsgruppe der TTM- Betroffenen muss zudem homogener verteilt sein. Die Einteilung von Personen anhand ihrer Impulsivität bzw. Zwanghaftigkeit scheint fragwürdig. In vorliegender Studie lässt sich bezüglich dieser beiden Konstrukte keine Zuordnung der TTM- Betroffenen zu einem der beiden „Endpole" des von Hollander & Wong (1995) postulierten Modells der Obsessive- Compulsive Spectrum Disorders (Zwangsspektrumsstörung) treffen. Möglicherweise sollten der motorischen Komponente sowie den Gewohnheitsaspekten des Haareausreißens eine größere Beachtung zuteil werden. Schon Christenson & Mackenzie (1994a) bemerkten, dass nur ein viertel ihrer Patienten einem inneren Drang mit steigender Anspannung nachgaben. Drei viertel der Patienten rissen sich die Haare unbewusst d.h. gewohnheitsmäßig aus. Diese Ergebnisse implizieren die Anwendbarkeit von Verhaltenstherapie.

Fazit: Trichotillomanie lässt sich nicht besser als Zwangsstörung beschreiben. Einer Zuordnung in das Modell der Zwangsspektrumsstörungen wird nicht zugestimmt. Nachfolgende Forschungen sollten sich mehr auf das Störungsbild selbst konzentrieren.

7   Zusammenfassung

Ziel der vorliegenden Untersuchung war der Vergleich einer Gruppe Trichotillomanie-Betroffener mit einer Kontrollgruppe gesunder Personen bezüglich der Konstrukte Impulsivität, kognitiver Arbeitsstil, Zwanghaftigkeit und Aufmerksamkeit. Zudem sollten die Auswirkungen des Schweregrades der Trichotillomanie auf die vorliegenden Konstrukte überprüft werden. Mit Hilfe der Ergebnisse wird auf die Einordnung der Trichotillomanie in das Modell der Zwangsspektrumsstörungen eingegangen.

Beide Vergleichsgruppen bestanden aus je 32 Personen die nach Alter, Geschlecht und Intelligenz parallelisiert wurden. Als zusätzliches Ausschlusskriterium galten Depressionen. Verwendet wurden die Barratt Impulsiveness Scale, der Matching Familiar Figure Test, das Hamburger Zwangsinventar- Kurzform sowie das Frankfurter Aufmerksamkeits- Inventar.

In vorliegender Studie ließen sich keine signifikanten Unterschiede zwischen den Trichotillomanie- Betroffenen und den Kontrollpersonen feststellen. Auch der Schweregrad der Trichotillomanie zeigte keine Differenzierungen innerhalb der TTM- Gruppe. Beide Gruppen unterschieden sich nicht in Impulsivität, kognitivem Arbeitsstil, Zwanghaftigkeit und Aufmerksamkeit. Damit lässt sich die Trichotillomanie nicht besser als Zwangsstörung beschreiben. Signifikante Korrelationen innerhalb der TTM- Gruppe zwischen den Konstrukten Impulsivität und kognitiver Arbeitsstil geben Anlass zu weiterer Forschung vor allem bzgl. der motorischen Komponente des Haarausreißens. Die bestehende Zuordnung der Trichotillomanie als Impulskontrollstörung wird weiterhin favorisiert.

Literaturverzeichnis

Aigner, M., Bach, M. & Lenz, G. (1998). Zwangsassoziierte Spektrumsstörungen. In: Lenz, G., Demal, U. & Bach, M. (Hrsg.). *Spektrum der Zwangsstörungen.* (43- 50). Wien, New York: Springer.

American Psychiatric Association (1987). *Diagnostic and Statistical Manual of Mental Disorders DSM- III- R (3. rev. Form).* Washington, DC: American Psychiatric Association.

American Psychiatric Association (1994). *Diagnostic and Statistical Manual of Mental Disorders DSM- iV (4th Edition).* Washington, DC: American Psychiatric Association.

Asam, U. & Träger, S.E. (1973). Beitrag zur Ätiologie und Pathogenese der Trichotillomanie unter besonderer Berücksichtigung der Mutter- Kind- Beziehung. *Praxis der Kinderpsychologie und Kinderpsychiatrie, 22,* 283- 290.

Asendorpf, J.B. (1989). *Soziale Gehemmtheit und ihre Entwicklung.* Berlin: Springer.

Asendorpf, J.B. (1999). *Psychologie der Persönlichkeit.* 2. Aufl. Berlin u.a.: Springer.

Baer, L. (1994). Factor analysis of symptom subtypes of obsessive- compulsive disorders and their relation to personality and tic disorders. *Journal of Clinical Psychiatry, 55,* 18- 23.

Barratt, E.S. (1985). Impulsiveness subtraits: arousal and information processing. In: Spence, J.T., Izard, C.E. (Eds.). *Motivation, Emotion and Personality.* (137- 146). Amsterdam, New- York: Elsevier.

Bartsch, E. (1956). Beitrag zur Ätiologie der Trichotillomanie im Kindesalter. *Psychiatrie, Neurologie und medizinische Psychologie, 8,* 173.

Bienvenu, O.J., Samuels, J.F., Riddle, M.A., Hoehn- Saric, R. & Nestadt, G. (2000). The relationship of obsessive- compulsive disorders to possible spectrum disorders: Results from a family study. *Biological Psychiatry, 48,* 287- 293.

Block, J. & Block, J.H. (1980). *The California Q- set.* Palo Alto: Consulting Psychologists Press.

Bortz, J. (1999). *Statistik für Sozialwissenschaftler.* (5. vollst. überarb. und aktualisierte Aufl.) Berlin: Springer.

Buss, A. & Plonin, R. (1975). *A temperament theory of personality development.* New York: Wiley.

Carpenter, L.L., Heninger, G.R., McDougle, C.J., Tyrka, A.R. & Epperson, C.N. (2002). Cerebrospinal fluid interleukin-6 in obsessive- compulsive disorder and trichotillomania. *Psychiatry Research, 112 (3),* 257- 262.

Christenson, G.A., Mackenzie, T.B. & Mitchell, J.E. (1991a). Charakteristics of 60 adult chronic hair pullers. *American Journal of Psychiatry, 148,* 365- 370.

Christenson, G.A., Pyle, R.L. & Mitchell, J.E. (1991b). Estimated lifetime prevalence of trichotillomania in college students. *Journal of Clinical Psychiatry, 52,* 415- 417.

Christenson, G.A., Popkin, M.K. & Mackenzie, T.B. (1991c). Lithium treatment of chronic hair pulling. *Journal of Clinical Psychiatry, 52,* 116- 120.

Christenson, G.A., Mackenzie, T.B. & Mitchell, J.E. (1991d). A placebo- controlled double- blind crossover study of fluoxetine in trichotillomania. *American Journal of Psychiatry, 148,* 1566- 1571.

Christenson, G.A., Chernoff- Clementz, E. & Clementz, B.A. (1992). Personality and clinical characteristics in patients with trichotillomania. *Journal of Clinical Psychiatry, 53,* 407- 413.

Christenson, G.A. & Mackenzie, T.B. (1994a. Clinical presentation and treatment of trichotillomania. *Directions in Psychiatry, Vol. 4, No. 4,* 1- 7.

Christension, G.A., Mackenzie, T.B. & Mitchell, J.E. (1994b). Adult men and woman with trichotillomania: A comparison of male and female charakteristics. *Psychosomatics, 35,* 142- 149.

Christenson, G.A., Raymond, N.C., Faris, P.L. & McAllister, R.D. (1994c). Pain thresholds are not elevated in trichotillomania. *Biological Psychiatry, 36,* 347- 349.

Christenson, G.A. (1995). Trichotillomania- from prevalence to comorbidity. *Psychiatric Times, 12,* 44-48.

Christenson, G.A. & Crow, S.J. (1996). The characterization and treatment of trichotillomania. *Journal of Clinical Psychiatry, 57 (suppl 8),* 42- 48.

Christenson, G.A. & Mansueto, C.S. (1999). Trichotillomania: Deskriptive charakteristics and phenomenology. In: Stein, D.J., Christenson, G.A. & Hollander, E. (Eds.). *Trichotillomania.* (1- 42). Washington, DC- London: American Psychiatric Press.

Cloninger, C.R. (1996). Assessment of the Impulsive- Compulsive Spectrum of behavior by the Seven- Factor Model of Temperament and Character. In: Oldham, J.M & Hollander, E. (Eds.). *Impulsivity and Compulsivity.* (59- 96). Washington, DC- London: American Psychiatric Press.

Coccaro, E.F. & Siever, L.J. (1995). The neuropsychopharmakology of personality disorders. In: Bloom, F.E. & Kupfer, D.J. (Eds.). Psychopharmacology: the fourth generation of progress. New York: Raven Press.

Cohen, I.J., Stein, D.J., Simeon, D., Spadaccini, E. & Rosen, J. (1995). Clinical profile, comorbidity, and treatment history in 123 hair pullers: A survey study. *Journal of Clinical Psychiatry, 56,* 319- 326.

Costa, P.T. & McCrae, R.R. (1990). Personality Disorders and the five- factor model. *Journal of Personality Disorders, 4,* 362- 371.

Dickman, S.J. (1990). Functional and dysfunctional impulsivity: personality and cognitive correlates. *J Pers Soc Psychol, 58,* 95- 102.

Diefenbach, J.D., Reitman, D. & Williamson, D.A. (2000). Trichotillomanie: a challenge to research and practice. *Clinical Psychology Review, 20 (3),* 289- 309.

Dielmann, E. (1969). Trichotillomanie im Kindesalter. *Archiv Kinderheilkunde, 179 (2),* 105- 111.

Dührssen, A. (1976). *Psychogene Erkrankungen bei Kindern und Jugendlichen.*(14. Auflage) Göttingen: Verlag für medizinische Psychologie.

Evenden, J.L. (1999). Varieties of impulsivity. *Psychopharmacology, 146,* 348- 361.

Funder, D.C. & Block, J. (1989). The role of ego- control, ego- resiliency and IQ in delay of gratification in adolescence. *Journal of Personality and Sozial Psychology, 57,* 1041- 1050.

Gerbing, D.W., Ahadi, S.A. & Patton, J.H. (1987). Toward a conzeptualization of impulsivity: components across the behavioral and self- report domains. *Multivariate Behavioral Research, 22,* 357- 379.

Gray, J.A. (1982). *The neuropsychology of anxiety: An enquiry into the functions of the septo- hippocampal system.* Oxford: Oxford University Press.

Gray, J.A. (1987). Perspectives on anxiety and impulsivity. A commentary. *Journal of Research in Personality, 21,* 493- 509.

Grimm, K.H. & Meyer, W.U. (1976). Impulsivität – Reflexivität: Ein korrekturbedürftiges Konzept. *Zeitschrift für Entwicklungspsychologie und Pädagogische Psychologie, 10,* 114- 123.

Hand, I. (1992). Verhaltenstherapie der Zwangsstörungen. In: Hand, I., Goodman, W.K. & Evers, U. (Hrsg.). *Zwangsstörungen. Neue Forschungsergebnisse. Duphar med communications, Band 5.* (157- 180). Berlin- Heidelberg: Springer.

Harnishfeger, K.K. (1995). The development of cognitive inhibition: Theories, definition, and research evidence. In: Dempster, F.N. & Brainerd, C.J. (Eds.). *Interference and inhibition in cognition.* (175- 204). New- York: Academic Press.

Hautzinger, M., Bailer, M., Worrall, H. & Keller, F. (1995). *Beck Depressionsinventar (BDI). Testhandbuch.* (2. überarbeitete Aufl., 2001). Bern: Huber.

Herpertz, S.C., Lohmann, R. & Lohmann, T. *Barratt Impulsiveness Scale- 10 (BIS- 10).* Deutsche autorisierte Übersetzung.

Herpertz, S.C. & Saß, H. (1997). Impulsivität und Impulskontrolle. *Nervenarzt, 68,* 171- 183.

Herpertz, S.C. (2001). *Impulsivität und Persönlichkeit.* Stuttgart, Berlin, Köln: Kohlhammer.

Hollander, E., DeCaria, C.M. & Nitescu, A. (1992). Serotonergic function in obsessive- compulsive disorder: behavioral and neuroendocrine responses to oral m- CPP ans fenfluramine in patients and healthy volunteers. *Archives of general Psychiatry, 49,* 21- 28.

Hollander, E., Stein, D.J. & DeCaria, C.M. (1994). Serotonergic sensitivity in borderline personality disorders: preliminary findings. *American Journal of Psychiatry, 151,* 277- 280.

Hollander, E. & Wong, C.M. (1995). Obsessive- Compulsive Spectrum Disorders. *Journal of Clinical Psychiatry, 56 (suppl. 4),* 3- 6.

Hollander, E. & Rosen, J. (2000). Impulsivity. *Journal of Psychopharmacology, 14(2), Supplement 1,* 39- 44.

Homburger, A. (1926). *Psychopathologie im Kindesalter.* (Nachdruck 1967). Berlin: Springer.

Janet, P. (1906). On the pathogenesis of some impulsions. *Journal of Abnormal Psychology, 1,* 1- 17.

Kagan, J., Rosman, B.L., Day, D., Albert, J. & Philipps, W. (1964). Information processing in the child: Significance of analytic and reflective attitudes. *Psychological Monographs, 78,* (1, Whole No. 578).

Kagan, J. (1966). Reflection- impulsivity: the generality and dynamics of conceptual tempo. *Journal of Abnormal Psychology, 71,* 17- 24.

Keuthen, N.J., Savage, C.R., O´Sullivan, R.L., Brown, H.D. & Shera, D.M. (1996). Neuropsychological functioning in trichotillomania. *Biological Psychiatry, 39,* 747- 749.

Keuthen, N.J., O´Sullivan, R.L., Hayday, C.F., Peets, K.E. & Jenike, M.A. (1997). The relationship of menstrual cycle and pregnancy to compulsive hairpulling. *Psychotherapy and Psychosomatics, 66,* 33- 37.

Kind, J. (1983). Beitrag zur Psychodynamik der Trichotillomanie. *Praxis der Kinderpsychologie, 32,* 53- 57.

Klepsch, R., Zaworka, W., Hand, I., Lünenschloß, K. & Jauernig, G. (1993). *Hamburger Zwangsinventar- Kurzform, HZI- K. Manual.* Weinheim: Beltz.

Kraepelin, E. (1896). *Psychiatrie. Ein Lehrbuch für Studierende und Ärzte.* (5. Aufl.). Leipzig: Barth.

Leckman, J.F. (1993). Tourette´s Syndrome. In: Hollander, E. (Ed.). *Obsessive- Compulsive- Related Disorders.* (113- 138). Washington, DC- London: American Psychiatric Press.

Lehrl, S. (1999). *Mehrfachwahl- Wortschatz- Intelligenztest (MWT- B).* (4. überarbeitete Aufl.) Erlangen: Perimed- spitta.

Linnoila, M., Virkkunen, M., Scheinin, M., Nuutila, A. & Rimon, R. (1983). Low cerebrospinal fluid 5- hydroxyindolacetic acid concentration differentiates impulsive from non- impulsive violent behavior. *Life Sciences, 33,* 2609- 2614.

Linnoila, M., Virkkunen, M., George, T. & Higley, D. (1993). Impulse control disorders. *Journal of Clinical Psychopharmacology, 8,* 53- 56.

Logan, G.D. & Cowan, W.B. (1984). On the ability to inhibit thought and action: a theory of an act of control. *Psychological Review, 91,* 295- 327.

Malone, K.M., Corbitt, E.M., Li, S. & Mann, J. (1996). Prolactin response to fenfluramine and suicide attempt lethality in major depression. *British Journal of Psychiatry, 168,* 324- 329.

McElroy, S.L., Phillips, K.A. & Keck, P.E. (1994). Obsessive Compulsive Spectrum Disorders. *Journal of Clinical Psychiatry, 55, (suppl. 10),* 33- 51.

Moosbrugger, H. & Oehlschlägel, J. (1996). *Frankfurter Aufmerksamkeits- Inventar (FAIR). Testmanual.* Bern, Göttingen, Toronto, Seattle: Hans Huber.

Neudecker, A. (1995). Trichotillomanie. Ätiologie, Phänomenologie und Komorbidität aus verhal- tenstherapeutischer Sicht. *Unveröffentlichte Diplomarbeit.*

Neudecker, A. & Hand, I. (1999). Trichotillomanie. *Verhaltenstherapie und Verhaltensmedizin, 20,* 465- 478.

Ninan, P.T., Rothbaum, B.O. & Stipetic, D. (1992). Assessment update: trichotillomania: CSF 5- HIAA as a predictor of treatment response in trichotillomania. *Psychopharmacology Bul- letin, 28,* 451- 455.

Oranje, A.P., Peere-Wynia, J.D. & De Raeymaker, D.M. (1986). Trichotillomania in Childhood. *Journal of the American Academy of Dermatology, 15,* 614- 619.

O´Sullivan, R.L., Keuthen, N.J., Jenike, M.A. & Gumley, G. (1996). Trichotillomania and carpal tunnel syndrome (Letter to the editor). *Journal of Clinical Psychiatry, 57,* 174.

Otto, K. & Rambach, H. (1964). Zum Problem der neurotischen Trichotillomanie im Kindesalter. *Psychiatrie, Neurologie und medizinische Psychologie, 16,* 265.

Pollard, C.A., Ibe, I.O., Krojanker, D.N., Kitchen, A.D. & Bronson, S.S. (1991). Clomipramine treatment of trichotillomania: a follow up report on four cases. *Journal of Clinical Psychiatry, 52,* 128- 130.

Ravindran, A.V. (1999). Obsessive- compulsive spectrum disorders. *Journal of Psychiatry & Neuroscience, 24 (1),* 10- 11.

Reitan, R.M. (1986). *Trail- Making Test: manual for administration and scoring.* Tueson: Reitan Loboratory.

Rettew, D.C., Cheslow, D.L. & Rapoport, J.L. (1993). Neuropsychological test performance in trichotillomanie: a further link with obsessive- compulsive disorder. *Journal of Anxiety Disorders, 5,* 225- 235.

Rothbaum, B.O., Shaw, I., Morris, R. & Ninan, P.T. (1993). Prevalence of trichotillomania in a college freshman population (Letter to the editor). *Journal of Clinical Psychiatry, 54,* 72.

Schalling, D., Asberg, M., Edman, G. & Oreland, L. (1987). Markers for vulnerability to psychopathology: temperament traits associated with platelet MAO activity. *Acta psychiatrica Scandinavica, 76,* 172- 182.

Schlosser, S., Black, D.W., Blum, N. (1994). The demography, phenomenology and family history of 22 persons with compulsive hair pulling. *Annals of Clinical Psychiatry, 6,* 147- 152.

Schwarzkopf, A. (1931). Beitrag zur Ätiologie der Trichotillomanie. *Dermatologische Zeitschrift, 60,* 321.

Skodol, A.E. & Oldham, J.M. (1996). Phenomenology, Differential Diagnosis, and Comorbidity of the Impulsive- Compulsive Spectrum of Disorders. In: Oldham, J.M. & Hollander, E. (Eds.). *Impulsivity and Compulsivity.* (1- 36). Washington, DC- London: American Psychiatric Press.

Sonuga- Barke, E.J., Houlberg, K. & Hall, M. (1994). When is impulsiveness not impulsive? The case of hyperaktive children´s cognitive style. *Journal of Child Psychology and Psychiary, 35,* 1247- 1253.

Stanley, B. & Winchel, R.M. (1992). Suicide and self- harm continuum: phenomenological and biochemical evidence. *International review of Psychiatry, 4,* 149- 155.

Stanley, M.A., Hannay, H.J. & Breckenridge, J.K. (1997). The Neuropsychology of Trichotillomania. *Journal of Anxiety Disorders, 11(5),* 473- 488.

Stanley, M.A. & Cohen, L.J. (1999). Trichotillomania and Obsessive- Compulsive- Disorder. In: Stein, D.J., Christenson, G.A. & Hollander, E. (Eds.). *Trichotillomania.* (225- 261). Washington, DC- London: American Psychiatric Press.

Stein, D.J. & Hollander, E. (1992). Low dose pimozide augmentation of serotonin reuptake blockers in the treatment of trichotillomania. *Journal of Clinical Psychiatry, 53,* 123- 126.

Stein, D.J., Hollander, E., Simeon, D., Cohen, L. & Islam, M.N. (1994). Neurological soft signs in female trichotillomania patients, obsessive- compulsive disorders patients, and healthy control subjects. *Journal of Neuropsychiatry & Clinical Neuroscience, 6,* 184- 187.

Stein, D.J., Simeon, D., Cohen, L.J. & Hollander, E. (1995a). Trichotillomania and obsessive-compulsive disorder. *Journal of Clinical Psychiatry, 56 (suppl. 4),* 28- 35.

Stein, D.J., Hollander, E. & Cohen, L. (1995b). Serotonergic responsivity in trichotillomania: neuroendocrine effects of m-chlorophenylpiperazine. *Biological Psychiatry, 37,* 414- 416.

Stein, D.J., Coetzer, R. & Lee, M. (1997). Magnetic resonance brain imaging in woman with obsessive- compulsive disorder and trichotillomania. *Psychiatry Research, 74,* 177-182.

Stein, D.J., O´Sullivan, R.L. & Hollander, E. (1999). The neurobiology of trichotillomania. In: Stein, D.J., Christenson, G.A. & Hollander, E. (Eds.). *Trichotillomania.* (43- 61). Washington, DC- London: American Psychiatric Press.

Stein, D.J. (2000). Neurobiology of the Obsessive- Compulsive Spectrum Disorders. *Biological Psychiatry, 47,* 296- 304.

Streichenwein, S.M. & Thornby, J.I. (1995). A long- term, placebo- controlled crossover trial of the efficacy of fluoxetine for trichotillomania. *American Journal of Psychiatry, 152,* 1192- 1196.

Swann, A.C., Bjork, J.M., Moeller, F.G. & Dougherty, D.M. (2002). Two models of impulsivity: Relationship to personality traits and psychopathology. *Biological Psychiatry, 51,* 988- 994.

Swedo, S.E., Leonard, H.L. & Rapoport (1989). A double- blind comparison of clomipramine and desipramine in the treatment of trichotillomania (hair pulling). *New England Journal of Medicine, 321,* 497- 501.

Swedo, S.E. & Rapoport, J.L. (1991a). Annotation: Trichotillomania. *Journal of Child Psychology and Psychiatry, 32,* 401- 409.

Swedo, S.E., Rapoport, J.L. & Leonard, H.L. (1991b). Regional cerebral glucose metabolism of woman with trichotillomania. *Archives of general Psychiatry, 48,* 828- 833.

Swedo, S.E. & Leonard, H.L. (1992). Trichotillomania: an obsessive compulsive spectrum disorder? *Psychiatric Clinics of North America, 15,* 777- 790.

Swedo, S.E., Lenane, M.C. & Leonard, H.L. (1993). Long- term treatment of trichotillomania (hair pulling). Letter. *New England journal of Medicine, 329,* 141- 142.

Tiedemann, J. (1983). Der kognitive Stil Impulsivität- Reflexivität: Eine kritische Bestandsaufnahme. *Zeitschrift für Entwicklungspsychologie und Pädagogische Psychologie, 16,* 162- 171.

Tiedemann, J. (1995). Kognitive Stile. In: Amelang, M. (Hrsg.). *Enzyklopädie der Psychologie. Differentielle Psychologie und Persönlichkeitsforschung, Band 2.* (507- 533). Göttingen, Bern, Toronto, Seattle: Hogrefe.

Tükel, R., Keser, V., Karali, N.T. (2001). Comparison of clinical characteristics in trichotillomania and obsessive-compulsive disorder. *Anxiety Disorders, 15,* 433- 441.

White, J.L., Moffitt, T.E., Caspi, A., Bartusch, D.J., Needles, D.J. & Stouthamer- Loeber, M. (1994). Measuring impulsivity and examining its relationship to delinquency. *Journal of Abnormal Psychology, 103,* 192- 205.

Winchel, R.M. (1992a). Trichotillomania: presentation and treatment. *Psychiatric Annals, 22,* 84- 89.

Winchel, R.M., Jones, J.S., Molcho, A., Parsons, B., Stanley, B. & Stanley, M. (1992b). The Psychiatric Institute Trichotillomania Scale (PITS). *Psychopharmacological Bulletin, 28,* 463- 476.

Winchel, R.M., Jones, J.S., Stanley, B., Molcho, A. & Stanley, M. (1992c). Clinical characteristics of trichotillomania and its response to fluoxetine. *Journal of Clinical Psychiatry, 53,* 304- 308.

Wolters, N. (1907). Über mechanisch erzeugte Alopecia (Trichotillomanie Hallopeaus). *Medizinische Klinik, 23 und 24,* 666- 669.

World Health Organization (1992). *Internationale Klassifikation psychischer Störungen ICD- 10, Kap. V (F)* . Deutsche Bearbeitung: Dilling, H., Mombour, W., Schmidt, M.H. (4. Aufl. 2000). Bern- Göttingen- Toronto- Seattle: Hans Huber.

Watson, D., Clark, L.A. & Harkness, A.R. (1994). Structures of personality and their relevance to psychopathology. *Journal of Abnormal Psychology, 103,* 18- 31.